HEXEN

HEXEN

Von den heidnischen Wurzeln
bis zum modernen
Wicca-Glauben

tosa

Bildnachweis:

Icon Fledermaus: Fotolia; Seite 9: Public Domain; Seite 15: Public Domain; Seite 17: Fotolia; Seite 23: Public Domain; Seite 27: Public Domain; Seite 31: Public Domain; Seite 32: Public Domain; Seite 34: Public Domain; Seite 42: Public Domain; Seite 70: Public Domain; Seite 75: Public Domain; Seite 76: Public Domain; Seite 83: Public Domain; Seite 87: Public Domain; Seite 93: Public Domain; Seite 95: Public Domain; Seite 99: Public Domain; Coverbild: GettyImages
Alle anderen Bilder von Shutterstock, Inc.

Dieses Buch soll lediglich als Anregung dienen. Für seine Handlungen ist der Einzelne jedoch selbst verantwortlich. Eine Haftung des Verlages für Umstände, die aus oder im Zusammenhang mit der Nutzung des Buches resultieren, ist ausgeschlossen.

im Verlag Carl Ueberreuter Ges.m.b.H.,1090 Wien, Alser Straße 24
Text: Lydia Thießen, Berlin
Gesamtproduktion: akapit Verlagsservice, Berlin – Saarbrücken
Covergestaltung: Studio Höpfner-Thoma GraphicDesign, Gräfelfing
Coverbild: GettyImages
Druck: Tlačiarne BB s.r.o., Slovakia

www.tosa-verlag.com

Einleitung: Fragen über Fragen

Was ist eine Hexe? Wie sieht sie aus? Muss sie weiblich sein? Ist sie immer böse? In unserer Vorstellung treiben allerhand bunte Bilder von bösen alten Frauen mit Warzen auf der Nase ihr Unwesen, die um Mitternacht auf ihrem Besen um den Kirchturm herumreiten. Um Hexen ranken sich unzählige Märchen, Sagen und Legenden, von Hänsel und Gretel bis zur modernen Wicca.

Die Wurzeln des Hexenglaubens liegen weit zurück im heidnischen Götterglauben, und im Zuge der Christianisierung glaubte man die Hexen gar mit dem Teufel im Bunde. Aber wie kam es überhaupt dazu? Waren und sind sie Kräuterweiblein, Heilerin, Wahrsagerin oder gar etwas ganz anderes? Und können Hexen tatsächlich fliegen?

Wie sieht es heute mit der Hexenbewegung aus? In den letzten Jahren hat es gerade im europäisch-amerikanischen Kulturraum eine regelrechte Hexenrenaissance gegeben. Wie verstehen sich die modernen Hexen in Bezug auf den uralten Mythos? Was tun sie, woran glauben sie? Gibt es eigentlich auch männliche Hexen?

Und nicht zuletzt: Was ist dran an all den Fantasy- und Zauberfilmen? Warum sind wir gebannt von Harry Potter und dem Herrn der Ringe, obwohl sie so fern und fremd sind, uns aus unserer Umgebung herauszerren und an Fernseher, Internet und Buch fesseln? Die Antwort ist: Weil wir gern glauben möchten, dass sie wahr sind. Weil sie unsere brennenden Sinnfragen behandeln. Weil sie uns widerspiegeln. Und weil wir im realen Leben oft so wenig tun können. Weil wir nur im Traum ehrlich sein dürfen. Weil vielleicht mit unserer Umgebung etwas nicht stimmt.

Erfahren Sie alles über die Hexenkunst – von ihren mystischen Ursprüngen bis heute. Im ersten Teil des Buches finden Sie allgemeine Überlegungen zu Hexen und anderen Zaubergestalten. Im zweiten Teil beschäftigen wir uns mit der Gut-Böse-Theorie, mit der sich jede Hexe auseinandersetzen sollte, und im dritten Teil finden Sie einen praktischen Ratgeber: ein Hexenalphabet, das die wichtigsten Begriffe aus der Welt der Hexen erklärt, die Hexenheilkunde, einige Rituale und zum Schluss noch ein wunderbares Hexenrätsel vom sicher größten deutschen Dichter, der sich in seinem „Faust“ ebenfalls mit diesem Thema beschäftigte.

Und nun viel Vergnügen mit unserem Hexenbuch.

***Bild auf Seite 8:** Burg Eltz in der Eifel, eine Art hexerischer „Hot Spot“ seit dem Hochmittelalter. Heute finden hier wunderbare Mittelaltermärkte statt, und die Führung durch die unzerstörte Burg sollte man sich auch nicht entgehen lassen.*

***Bild rechts:** Die gängige Vorstellung einer Hexe mit Drudenfuß und Kristallkugel. Wie weit liegen Vorstellung und Wirklichkeit auseinander?*

ALLGEMEINES

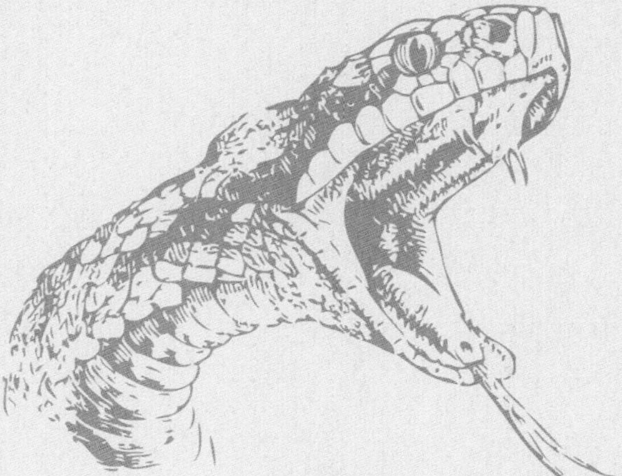

Die ältesten und bekanntesten Hexengestalten und -sagen

Gibt es überhaupt Hexen? Sehr wahrscheinlich, denn sieht man sie nicht fast jeden Tag auf der Straße, im Kaufhaus, im Bus oder sogar in der eigenen Wohnung? Ja, man sieht sie jeden Tag, aber man wagt es wegen der „Political Correctness“ nicht, das auszusprechen.

Hexen sind Wesen, die übermenschliche Kräfte besitzen und Dinge tun können, die man normalerweise gar nicht tun kann. Man denkt deshalb, dass es glatte Zauberei ist, wenn dir ein böser Blick den ganzen Tag vermiest, unfähige Mitmenschen das Leben ruinieren, ein einziges Wort dich einen Monat lang nachdenken lässt, einem Segenswunsch eine Glückssträhne folgt, Kinderaugen dir die Seele öffnen, ein lieber Mensch neue Räume und Welten erschließt. Ganz abgesehen von den Meistern, die schweben, barfuß durch das Feuer gehen, drei Tage lebendig unter der Erde liegen, sich mit Speeren durchbohren, auf Rasierklingen stehen, den Himmel bereisen, Geister rufen, Gedanken lesen, die Zukunft voraussagen, Energie umlenken, Gegenstände teleportieren usw.! Egal, wie sie das machen, sie tun es, und zwar ohne optische Täuschung und Tricks. Hexen und Zauberer oder Magier, ihre männlichen Pendants, muss es also geben, denn wie sollte so etwas sonst möglich sein? Nicht umsonst heißt es oft: „Das ist doch Zauberei!“ Und wer erlebt das nicht jeden Tag und immer wieder neu?

Wie lange gibt es schon Hexen?

Hexen gibt es mindestens schon so lange, wie es im modernen Menschenleben Märchen gibt. Das sind etwa 100.000 Jahre. Bei den Urvölkern ist der Glaube an Hexen, Geister und Dämonen seit Urzeiten vorhanden, also seit der Entstehung des Menschen. Ob es Hexen auch schon vor dem Urmenschen und dem modernen Menschen gegeben hat, ist ebenfalls zu bejahen, weil die einfachen Mittel des Urmenschen und die Märchen, Sagen und Legenden des heutigen Menschen Geschichte, Glaube und Weltauffassung weitergeben. Es kann jedoch nichts geglaubt oder wahrgenommen werden, das nicht wenigstens zum Teil wahr ist. Es wird stets das überliefert, was bereits da und ein wichtiger Teil der Wirklichkeit ist.

Überall tritt die Hexe als etwas vom Menschen Unabhängiges auf, das ihn beeindruckt und in Staunen, Bewunderung oder Furcht versetzt. Man kann also sagen, dass es Hexen schon mindestens so lange gibt, wie es den Menschen und die Sprache gibt. Wie viel sie aber älter als der Mensch sind, lässt sich nur schwer beantworten – denn wer von uns versteht schon die Sprache der Pflanzen, Tiere oder Steine? Ob sie an Hexen glauben und Zauberei praktizieren? Dazu im nächsten Kapitel mehr, denn zunächst geht es um die ältesten und bekanntesten Hexengestalten und Hexenmärchen.

Hans Baldung Grien: Hexen beim Schadenszauber, Holzschnitt 1508 (nachträglich koloriert)

Niklaus Manuel, genannt Deutsch (um 1484–1530): Hexe, den Schädel des Malers durch die Lüfte tragend (Federzeichnung)

Hexenwesen in der Geschichte

Hexen und Zauberer bevölkern ebenso wie ungeschlechtliche Zauberwesen (Geister, Fetische und magische Dinge) die Legenden aller Völker der Welt. Wer kennt nicht die Hexe aus dem Märchen von Hänsel und Gretel, die Hexe Baba Jaga, den unsterblichen Koschtschej und die Sau mit dem von der Erde bis zum Himmel reichenden Maul aus den russischen Märchen, die Sirenen Kalypso und Circe, die Odysseus ins Verderben lockten, das „singende klingende Bäumchen" aus den tschechischen Märchen, die Voodoo-Priester Afrikas und Haitis, die Schamanen der sibirischen Völker, der Inuit und der Indianer, die Zauberer der Papuas und Aborigines, die Dschinns, den Vogel Rokh und die Hexe Sila der arabischen Märchen, die lauernden Geister und Dämonen Asiens und Ozeaniens, die man mit Opfern besänftigt, sowie die Naturgewalten, die Dürre und Hunger oder Regen und reiche Ernte bringen? Wem sind nicht die böse Stiefmutter, die wahrsagende Zigeunerin, Aladins Wunderlampe und der fliegende Teppich, der Segen oder Fluch des geretteten oder im Stich gelassenen Hilfebedürftigen sowie die Götter Schiwa und Kali aus Indien, welche die von Brahma aufgebaute Welt wieder zerstören, ein Begriff?

Und wer hat nicht schon vom klassischen Zauberstab gehört, vom Goldesel, den Hunden des armen Soldaten mit dem Feuerzeug, dem Tischleindeckdich, dem Knüppelausdemsack, der Tarnkappe und den Siebenmeilenstiefeln aus Grimms Märchen, der rheinischen Loreley, dem Goldenen Kalb, um das die Geldgierigen der ganzen Welt tanzen, vom verfluchten Smaragd eines übel wollenden Tataren, der für die verlorene Ehre seiner Tochter nicht nur die gesamte russische Zarenfamilie, sondern auch alle späteren Dritttträger ins Unglück stürzte, dem wiederkehrenden Traum aus Coelhos „Alchemist" und dem tibetischen Dolch Phurba, der – ferngelenkt durch einen Magier – durch den Himmel fliegt und sein Opfer tötet? Wer hat nicht von der Kriegstaktik geschickter Eroberer erfahren, die durch Gesten, Worte, Blicke und böse Gedanken ganze Völker lähmen?

All diese Hexen, Zauberer und magischen Wesen sind sehr alt oder sehr bekannt, oder meistens sogar beides. Die ältesten und gleichzeitig bekanntesten sind unpersönlich und mit dem Menschen nur wenig verwandt, z. B. Götter, Geister, Ungeheuer und Naturgewalten. Die bekanntesten, aber auch jüngsten sind persönlich und menschenähnlich: Hexen, Feen, Zauberer und Dämonen, Riesen, Halbgötter und Helden. Dazwischen stehen zauberkräftige Pflanzen, Tiere, Steine und Gegenstände, die weniger geläufig sind und aus allen Zeitepochen stammen, aber umso wundersamer und geheimnisvoller anmuten.

Die guten Hexen

Mit der Zeit entwickelten sich immer klarer umrissene, menschennähere Zauberergestalten. Der Mensch formte sie selbst aus dem vor- und nichtmenschlichen Material heraus und integrierte sie in seine Welt, die dadurch größer, mächtiger, interessanter und abenteuerlicher wurde. Die vermenschlichten und menschennahen Zauberwesen sind fast immer eine Bereicherung, weil sie helfen und einen Nutzen bringen. Beispiele sind die gute Fee aus Dornröschen oder Rumpelstilzchen und die Hexe Baba Jaga, die Aufgaben stellen und Intelligenz und Erfindungsreichtum fordern, und – etwas menschenferner, aber immer noch dem Menschen nah – die ägyptische Katzengöttin Bastet, das geflügelte Zauberpferd oder der Feuervogel, die Kräfte vermitteln und viele Künstler inspirieren. Selbst die negativen Zauberwesen wie Mephistopheles, die böse Hexe aus Schneewittchen und die gehässige Stiefmutter aus Aschenputtel schaffen innerhalb der menschlichen Welt nach Goethes Worten trotz übler Absicht am Ende oft das Gute, auch wenn es nicht in jedem Fall gut ausgeht.

Oben und rechts: Traditionelle afrikanische Holzmasken stellen Hexen dar.

Dadurch ist die menschliche Welt einigermaßen übersichtlich und durch Wille und Vorstellung des Menschen plan- und steuerbar. Parallel dazu existiert jedoch der nichtmenschliche Teil der Zauberkräfte und -wesen, der unabhängig vom Menschen weiterwirkt und nicht seinem Willen und seinem Tun unterliegt.

Und die bösen Hexen?

Dieser Teil wird vom Menschen als so fremd empfunden oder von ihm so wenig wahrgenommen, dass er nicht in die menschliche Welt integriert wird. Er wird durch Unfähigkeit, Unwissenheit, Egoismus, Ablehnung oder aus Angst aus unserer Welt ausgegrenzt. Weil er nicht erwünscht ist, werden seine Macht und Zauberkräfte als Bedrohung empfunden und der positive Aspekt unterdrückt. Man sieht dies z. B. in der rücksichtslosen, ohne jeden Dank erfolgenden Nutzung der Natur durch den Menschen. Außerdem ist die Kraft dieser nichtmenschlichen Welt ungleich stärker als die der menschlichen Welt, wodurch der bedrohliche Aspekt noch gesteigert wird.

So dringt die vom Menschen unabhängige Welt trotz aller Vorsichtsmaßnahmen, Aufklärungen und Schutzwälle durch Kriege, Naturkatastrophen und Krankheiten immer wieder überraschend in die geordnete Welt des Menschen ein und bricht und hemmt oder fördert und ermöglicht ihre Entwicklung tiefgreifend. Zu sehen ist dies in Erdbeben, Vulkanausbrüchen, Überschwemmungen, Epidemien, verstärkter Sonnenaktivität oder plötzlich aufflammenden Kriegen. Diese Geschehen sind entsprechend ihren Urhebern so fundamental, dass sie bezogen auf den Menschen und sein Umfeld umgestaltend und schöpferisch wirksam sind. Sie kommen in den weltweiten Schöpfungsmythen, Katastrophenberichten und Heldengeschichten vor, z. B. den Veden (Schaffung und Entwicklung der Welt), der germanischen Edda, der griechischen Götter- und Heroendichtung, dem babylonischen Enuma-Elisch-Epos (Entstehung des Sonnensystems, Tiamatsage) und dem Gilgamesch-Epos (Sintflut) sowie in den heiligen Weltentstehungsberichten der Indianer, der Bewohner Ozeaniens und der alten Ägypter.

Sie treten aber auch in der modernen Forschung und bei wissenschaftlichen Entdeckungen zutage, z. B. bei der Urgewalt der Atombombe, den Theorien über den Urknall oder den Abgründen der Psychologie (Psychosen, Neurosen). Da sie zeitlos und allgemein gültig sind, haben diese Kräfte bis heute absolut nichts an Aktualität verloren – im Gegenteil, sie können jederzeit wieder durchbrechen. Deshalb ist es so wichtig, sich diese Dinge, nämlich Kenntnisse über Hexen und Hexerei, bewusst zu machen, damit man den richtigen Weg geht, Irrwege vermeidet und die negative Überraschung nicht allzu groß wird. Die alten, weisen und die neuen, wegweisenden Hexengestalten und -sagen helfen dabei demjenigen, der sie zu lesen und zu verstehen vermag.

Hexengestalt aus der alemannischen Fasenacht im südwestdeutschen Raum, in Vorarlberg, in der Nordschweiz und im Elsass.

Nichtmenschliche Hexengestalten

Der griechische Mythos vom Kampf des Zeus gegen die Titanen und Giganten handelt vom Kampf der Elemente und der Formung der Erdoberfläche, bevor der moderne Mensch auftrat. Sie erzählt, wie das Böse in die Welt kam, am Ende jedoch durch das Gute und Gerechte besiegt wurde: Gäa ist die Erdgöttin, ihr Gemahl Uranos ist der Himmel. Dieser fühlte sich von den mit Gäa gezeugten Kindern, den Titanen, Zyklopen und hundertarmigen Riesen, bedroht und steckte sie in den Tartaros, die Unterwelt. Sein Sohn Kronos, ein Titan und Gott der Zeit, wurde von Gäa ermuntert, dies zu rächen. Gäa gab Kronos eine Sense, und er entmannte Uranos. Uranos verfluchte Kronos, dass auch er von seinem Sohn gestürzt werden würde. Kronos verschlang daraufhin alle Kinder, die er mit seiner Gattin Rhea zeugte. Ein Kind, Zeus – Gott des Donners und des Blitzes –, konnte Rhea aber verstecken. Zeus erhob sich zusammen mit seinen Onkeln, Tanten und Geschwistern gegen den tyrannischen Kronos, bezwang ihn und befreite seine verschlungenen Geschwister. Seitdem war der weise, gerechte Zeus der Herrscher der Welt. Er teilte sich die Welt brüderlich mit seinen verwandten Mitkämpfern und schuf eine blühende Realität voller Kultur, Technik, Wissenschaft und Fortschritt, auf der die heutige Zivilisation aufbaut. Seine Feinde, als Kinder der Gäa ebenfalls mit ihm verwandt, verbannte er in den Tartaros. Von Gäa angeführt, unternahmen sie mehrere weitere Angriffe auf Zeus und seine Götterfamilie, um ihm die Herrschaft zu entreißen, unterlagen jedoch, sodass Zeus bis heute herrscht, wie wir in der in uns weiterlebenden griechisch-römischen Welt sehen.

Götter und Zauberwesen

Gäa, die Erde (Sphäre der Planeten), und Uranos, der Sternenhimmel (Sphäre der Sterne), stellen die kosmische Weltentstehung aus der Urdualität Materie und Weltraum dar. Interessanterweise entsteht in der griechischen Theogonie Eros (Amor), die Liebe, schon zusammen mit der Urdualität und erfüllt den Kosmos und dessen Bewohner mit Liebe und Bewegung, aus der neue Welten geboren werden. Allein durch diese Wirkung ist er magisch. Kronos, die mit der Bewegung und Interaktion der

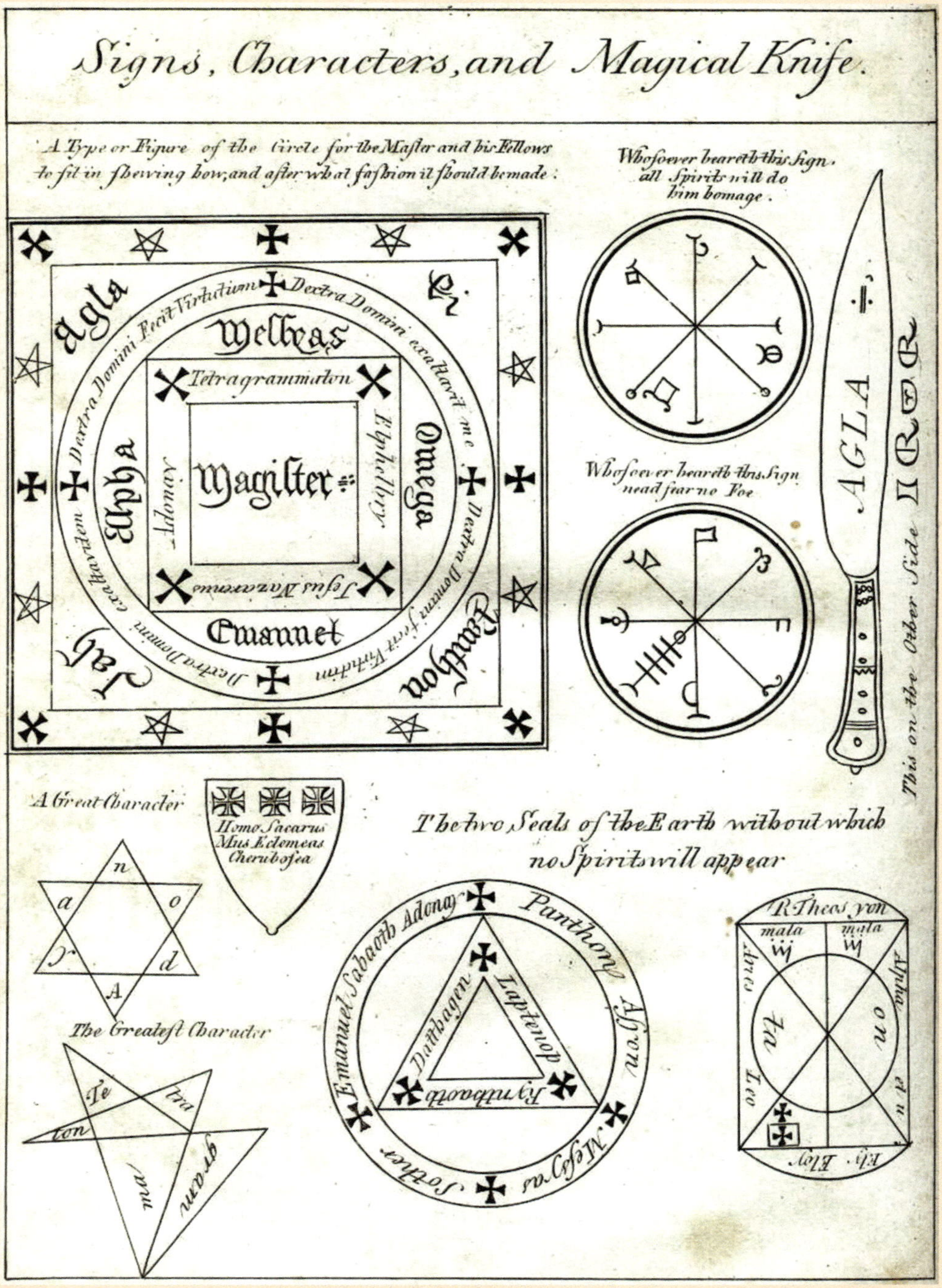

Die Deutung der Gestirne spielt seit jeher für Hexen eine große Rolle. Hier ein Ausschnitt aus einem alten Astrologiewerk mit magischem Messer (Ebenezer Sibly, „Astrology", 1806).

Himmelskörper auftretende Zeit, und seine Geschwister, die Titanen, Zyklopen und Riesen, verkörpern die Naturgesetze und die titanenhaften, urgewaltigen Elemente Feuer, Wasser, Luft und Erde in der Ära der Erdentwicklung. Der Donnergott Zeus und seine Geschwister Hera (Himmel bzw. Erdatmosphäre), Poseidon (Meere), Hestia (Haus und Herd), Hades (Unterwelt) und Demeter (Landbau) sind noch sehr ursprünglich und erdhaft. Die Kinder des Zeus jedoch – Personifizierungen des Lichts (Apollon), des Rausches (Dionysos), der Intelligenz (Athene), Fruchtbarkeit (Persephone), der Künste (Musen), der Liebe und Schönheit (Aphrodite), des Krieges (Ares), der Schmiedekunst (Hephaistos), des Forst- und Waldwesens (Artemis), der Jugend (Hebe), der Kommunikation (Hermes), der Geburt (Eileithyia), des Schicksals (Horen) u. a. – sind schon viel verfeinerter und leiten die Epoche der modernen Gesellschaft des Menschen ein, in der die Elemente durch Wissenschaft, Technik und Kultur beherrscht und genutzt werden, wie wir in unseren Städten und Industrielandschaften sehen können.

Die Zauberkraft der Natur

Die Götter und Zauberwesen gibt es wirklich, da sie personifizierte Darstellungen von Naturkräften und -inhalten sind. Es ist die in uns lebende und uns umgebende Natur. Oder würde jemand leugnen, dass es die Elemente, Kunst, Technik und Wissenschaft gibt? Weil sie Natur sind, haben sie Zauberkraft. Die Ursache kann man aber nicht erklären, es ist einfach so. Damit ist auch in den Menschen Zauberkraft, jedoch in geringerem Maß, weil sie nur Teile der Götter sind. Genies wie Leonardo da Vinci, Beethoven oder Michelangelo, Feldherrn wie Napoleon, Schauspieler wie Charlie Chaplin und Sportler wie Maradona, die irgendwie über den Dingen zu schweben scheinen, zeigen das.

Die Götter sind hierarchisch gestaffelt, so wie die Natur hierarchisch ist: In der Ebene des Menschen herrscht Zeus, in der Ebene der Erde Gäa, in der Ebene der Himmelskörper Uranos. Das geht so weiter bis zum Universum, dem allumfassenden großen Ganzen.

Unser Mythos zeigt ein weiteres Gesetz: Bosheit und Hinterlist schaden demjenigen, der sie ausübt. Er zeigt, dass der gegen das Böse errungene und verteidigte Sieg von Dauer ist und als stabile Grundlage für eine neue Welt dient, während die Herrschaft des Bösen immer nur Chaos und neues Unheil, jedoch weder Kultur noch Dauerhaftigkeit gebiert. Zeus wusste dies und ließ seine Feinde deshalb weiterhin im Tartaros schmoren, da sie seiner Welt unveränderlich abträglich waren. Mitleid oder Nächstenliebe hätten hier wenig genützt, sondern das Böse nur wieder gestärkt.

Zeus, der in der griechischen Mythologie der Stammvater aller anderen Götter und Zauberwesen – also auch der Hexen – ist.

Das Opfer – zentraler Punkt der Magie

Die Sage rät dem Menschen, nach dem Vorbild von Zeus und den modernen Göttern darauf zu achten, dass die archaischen Kräfte nicht aus der Bändigung herausbrechen, weil das für Götter und Menschen Katastrophen, Krankheiten und Kriege bedeutet. Die Bändigung der Natur will deshalb sinnvoll, angemessen und gekonnt sein. Götter und Menschen wirken dabei zusammen.

Natur und Mensch – ein Geben und Nehmen

Die Wechselwirkung zwischen Natur und Mensch ist ein Kreislauf. Er findet in beiden Richtungen statt und ist ein ständiges Geben und Nehmen: Die Natur gibt dem Menschen, und der Mensch gibt der Natur. Die Hexe bzw. der Zauberer ist bewusster Teil der Natur und weiß, dass die Natur belebt ist. Das ist der erste Teil der Magie. Dadurch kann die Hexe bzw. der Zauberer mit ihr in Austausch treten. Das ist der zweite Teil der Zauberei, denn nun kommt Austausch auf und Abwechslung ins Leben. Je nachdem, was der Mensch tut, erhält er von der Natur eine Antwort zurück, denn wo etwas akkumuliert wird, wird woanders etwas weggenommen. Und das Weggenommene sagt: „Ich will sinnvoll eingesetzt werden! Ich will nicht fremdbestimmt werden! Egal, was du mit mir tust, ich muss damit einverstanden sein!"

Der Mensch merkt das leider nicht, weil er nur die neuronale Sprache des Gehirns versteht. Die Hexe merkt das hingegen sofort, denn sie braucht kein Gehirn, um den anderen zu verstehen. Sie versetzt sich empathisch in den anderen hinein und weiß sofort, was er will. Weil die Natur ebenso wie die Hexe mit Seele und Geist statt mit Gier und Kontostand arbeitet, weil sie intelligent ist und weiß, dass nicht ihr kleines Ego, sondern Gott, das große Ganze, ihr

Rabenvögeln sagt man Zauberkräfte nach. Nicht umsonst gelten sie als treue Begleiter von Hexenwesen aller Art.

Auf dem Blocksberg im Harz feiern die modernen Hexen jedes Jahr die Walpurgisnacht – keineswegs so furchteinflößend wie auf diesem Bild aus dem 17. Jahrhundert (Johannes Praetorius: Blocks-Berges Verrichtung, Leipzig 1668).

Ein aktiv genutzter Hexentanzplatz mitten im Wald.

Chef ist, muss am Ende eines Austauschs nicht Haben oder Null herauskommen, sondern ein für alle Seiten – also Sonne, Erde, Menschen, Tiere, Pflanzen und Erde – gesunder, harmonischer Zustand. Das verlangt Gott von ihr. Deshalb muss die Bilanz zwischen Mensch und Natur nicht gebessert oder manipuliert, sondern geheilt und harmonisiert werden, denn hier gibt es keine Banken oder Gerichtsvollzieher, sondern nur allumfassend fühlendes, denkendes Leben und das richtende große Ganze.

Kommunikation und Partnerschaft mit der Natur

Beim Austausch mit der Natur spielt daher nicht nur die Menge und Qualität des Entnommenen, sondern auch die Art und das Ziel der Entnahme eine Rolle. Das wird von der Natur geprüft und beeinflusst ihre Antwort. So, wie die Natur dem Menschen nicht irgendetwas, sondern Land, Wasser, Bodenschätze, Feuer und Ernte – also ihr Bestes – gibt, muss der Mensch der Natur sein Bestes geben. Was ist dieses Beste? Es ist z. B. etwas, das der Mensch besonders mag, woran er hängt, das er angefertigt hat und das besonders schön ist. Das muss er der Natur geben, so lange es natürlich ethisch gesund ist. Das kann alles Mögliche sein, z. B. eine Futterkrippe oder einen

Tierspielplatz im Wald zu bauen, ein Tier zu retten oder aufziehen, Pflanzen zu züchten, einen schönen Garten anzulegen, die Erde zu akupressieren, wie es die Indianer tun, Feste und Wettbewerbe zu Ehren der Natur zu veranstalten, Wissenschaft und Technik in Harmonie mit der Umwelt einzusetzen usw. Dieses Beste ist das Opfer beider Seiten, durch das beide in Austausch miteinander treten und sich gemeinsam weiterentwickeln: „Ich möchte von dir dieses Gute und gebe dir dafür jenes Schöne. Was ist unser Ziel?" Das ist echte Kommunikation und gute Partnerschaft zwischen Mensch und Natur.

Das sinnvolle Bändigen der Natur

Der Mensch hat – wie die Sage zeigt – die Macht, die Natur zu beherrschen und zu bändigen. Die Voraussetzung ist allerdings, dass er das sinnvoll tut und es in gegenseitigem Übereinklang zwischen Mensch und Natur geschieht. Durch diesen intelligenten Einsatz wird das Opfer zum Öl der Magie, denn für meine Leistung erhalte ich etwas zurück. Ich kann also nicht zaubern, wenn ich keinen Partner habe. Der Zauber wird sonst erstickt und verläuft im Sand, wenn ihn niemand trägt.

Der moderne, technisierte Mensch weiß nicht, dass die Natur belebt ist und ein ständiger Austausch zwischen ihm und ihr stattfindet. Durch seine Blindheit gegenüber der Umwelt arbeitet er gegen die Natur statt mit ihr zusammen, und der Austausch wird einseitig, nämlich ein Opfer der Natur an den Menschen. Das Opfer an die Natur aber fehlt schon seit ca. 400 Jahren, seit der Reformation und Aufklärung, welche die naturnahe Renaissance ablösten und in denen die Vernunft zur Königin gekürt und Andersdenkende rufgemordet und umgebracht wurden. Seitdem ist der moderne Mensch gefährdet, denn vor ihm baut sich eine immer ärgerlichere, hungrigere und verletztere Natur auf, in der jeden Tag durch Menschenhand die Arten sterben, Erde, Wasser und Luft verpestet und unterirdisch oder auch oberirdisch Atombomben gezündet werden.

Die Empfindungslosigkeit des modernen Menschen

Der Mensch bringt die Erde um und merkt es nicht, weil er nicht sieht, dass sie belebt ist. Das ist das Furchtbare. Der Mensch bekommt nur so viel mit: Er leidet zunehmend an Ängsten, Wahn und Psychosen, deren Ursache er nicht kennt, die aber in Wirklichkeit die Zerstörung seiner Umwelt widerspiegeln. Der Mensch geht mit seinen Ängsten zur Psychotherapie und wundert sich, dass seine Probleme größer statt kleiner werden. Er bekommt die Hauptsache nicht mit: Durch unsere Empfindungslosigkeit verspielen wir die bereits errungene Bändigung der Natur und lassen die Wahrscheinlichkeit immer höher werden, dass die Natur ein Gesamtopfer verlangt – die gesamte Menschheit in einem Superbeben, in einer globalen Epidemie oder in einem Dritten Weltkrieg.

Hexen können helfen

Empfindungslosigkeit bzw. mangelndes Einfühlungsvermögen aber kann keine Psychotherapie heilen, sondern nur eine direkte Auseinandersetzung mit dem Problem ohne ablenkenden Mittler. Dabei können Hexen – also diejenigen, durch deren Vernichtung der Mensch sich selbst in die heutige Misere gebracht hat – helfen, denn sie wissen, wie man mit der Natur sinnvoll und richtig umgeht. Der Mensch muss das Ausgegrenzte und Unterdrückte wieder annehmen und integrieren, seien es Hexen oder Querdenker. Vielleicht empfindet er das als Zurückdrehen des Rades der Geschichte, aber es ist gerade der rein rationale Weg, der in die Sackgasse zurückführt. Ersehnt und gebraucht wird in Wirklichkeit nämlich eine neue Welt, in der die Menschen untereinander und der Mensch mit seiner Natur ehrlich und konstruktiv umgehen und sich gemeinsam und nicht gegeneinander entwickeln.

Ein erschröcklich geschicht Vom Tewfel

vnd einer vnhulden / beschehen zu Schilta bey Rotweil in der Karwochen.
M. D. XXXiii Jar.

Newe zeytung geschehen drey meyl von Rot⸗
weyl da ist ein Stedlein im Hornberger tal das
hayst Schylta do ist der teufel in das selbig stet
lein in ein Wirts hauß kummen / ist vngefärlich
drey oder vyer tag im selbingen Wirts hauß ge⸗
wesen / hat daselbst angefanngen zu Trummen
vñ Pfeyffen in der Stuben vnd allenthalbē im
hauß man hat aber nichts sehen künden sonder
so seltzam ding / der gleichen vor nie / gehört Es
sind ethlich abetewrer kummen vnnd haben in
wellen beschweren do hat der Teufel angefang
en zu reden sie sollē sein miessig ghen / Was sie in
wellen beswerē sie seyn böser dañ er / hat in ge⸗
sagt was sie gethō vnnd gestolen haben. Zu letzt
hat er so vil mit dē wiert geredt er soll die mayd
auß dē hauß thō er well im sunst daß hauß ver⸗
brennen dann die mayd sey sein vnnd er soll ims
nit auffhalten / do hat der wierdt der mayd vr⸗
lawb geben. Nach dem ist der Teufel hinweg ge
faren hat zū wierdt gesagt er soll sich dar zu rüst
en er well im das hauß auff den gryenen Doner
stag in der karwuchen verbrennen. Darnach
auff dē Grienen Donerstag ist die mayd auff ein
ofengabel gesessen ist in einer halben stūnd zwū
meyl vō Rotweyl gē Schiltach in das wierds
hauß auff ein hewbaren gefaren / do ist der Teuf
fel zu jr kummen hat ein hefelein gepracht vñ zu
jr gesagt sie soll das hefelein vmschütten so wer
es gleych als brunnen / welchs so bald sie es gethō
ist es als brunnent worden. In dē ist sie hinweg
gen Oberndorff gefaren da ist von stundan das
hauß angangen vnnd das gantz Stedtlein biß
on drey kleine heußlein vngefärlich in anderhal
ber stund gar verbrunnē Aber vber die drey heuß
lein / wie sie in der vrgicht bekennt / hat der Teuf
fel kain gewalt gehabt. Die zway sinnd zwayer
armen gesellen gewest vnd das dritt eines dabey
die armen vnnd was sunst niemants hat wellen
beherbergē / herberg gehabt haben. Wie solchs
beschehē hat mā nach jr gryffē sy gefencklich ange
nūmē am Karfreytag zu Oberndorff / vñ dasel⸗
bst am mōtag vor sanct Görgē tag verbrent / vñ
sechs vñ dreyssig artickel verlesē die sie in jrer ver⸗
gycht bekent hat / fast schendtlich schröcklich vñ
schedliche ding wie sie viech vnnd leut verderbt
vñ schaden zugefügt hat Achtzehē jar hat sie mit
dem Teufel zugehalten vnd jhr eygen mutter hat
sie es selbst gelert. Sölch erschreck⸗
lich geschicht solt vns billich zuhertzen ghen vñ
zur besserung vnsers lebens raytzen / in eim rech⸗
ten glauben gegen Got vnnd theriger lieb gegen
dem nechstē zu wandlē / dieweil er vns vmb vn⸗
ser sündt willen so mit schröcklicher straff heym⸗
sucht / Darbey auch erlernē / wie vns Got imit
ten des vbels vnd der straff behüten kan / wie er
auch Daniel in mitte der lewen vnd die drey kin
der im feurigen ofen vnuerletzt behüt hat / damit
wir auch in seiner forcht vnnd nach seinem wil⸗
len wandlen / auff das er vns nit einfür in ver⸗
süchung sonder behüt vns vor vbel vnnd ver⸗
leych vns nach disem leben das ewig Amen.

Steffan Hamer Briefmaler.

Flugblatt (Stefan Hamer, Nürnberg 1533) zum Teufel von Schiltach. Zur Blütezeit der Hexenverfolgung waren Flugblätter dieser Art weit verbreitet.

Der spanische Maler Francisco de Goya stellte sich den Ritt der Hexen auf ihrem Besen so vor (Capricho 68, 1799).

Menschliche Hexengestalten

Im russischen Märchen „Jungfrau Zar" gelangt Iwan, der Zarensohn, an einen Wegweiser: „Wer nach rechts geht, wird satt, aber sein Pferd wird hungern. Wer nach links geht, bleibt hungrig, doch sein Pferd wird satt. Wer aber geradeaus geht, der stirbt!" Seine Brüder sind ihm vorangegangen und haben den linken und rechten Weg eingeschlagen. Einer ging dabei verloren. Iwan reitet trotz der Warnungen geradeaus und kommt zur Hexe Baba Jaga, die über den Menschenbesuch flucht. Sie fragt ihn, ob er freiwillig oder unfreiwillig gekommen sei. Er aber antwortet ihr: „Ich hau dich um die Ohren noch, dann wird dein Arsch zum Ofenloch! Den Grind zerschlag ich mit der Hand, dann fliegt aus deinem Arsch der Sand. Du solltest, Alte, einen Helden nicht erst lange ausfragen, sondern ihm Essen und Trank geben!"

Baba Jaga und der Zarensohn

Die Hexe bewirtet ihn daraufhin fürstlich und beginnt mit ihm ein ehrliches Gespräch von Herz zu Herz über seine Nöte und Sorgen und den wahren Grund seines Kommens. Iwan erzählt ihr alles offen, und Baba Jaga bettet ihn mütterlich, tröstet ihn, da es schon Nacht ist, und schickt ihn am nächsten Morgen mit ausgetauschtem Pferd zu ihrer älteren Schwester. Dort wiederholt sich das Geschehen, und auch diese Hexe schickt Iwan wieder zu ihrer noch älteren Schwester. Diese erzählt ihm, wo er hinreiten soll: Zur Jungfrau Zar, die im Reich unter der Sonne wohnt, und dass er etwas vom Wasser des Lebens und des Todes mitnehmen soll. Er folgt dem Rat, besucht aber vor dem Abritt die schlafende Jungfrau Zar, verliebt sich in sie und vereint sich mit ihr. Durch seine Flucht wird sie jedoch alarmiert und verfolgt ihn. Die drei Hexen helfen Iwan, indem sie sein Ross wechseln und die Jungfrau Zar, ihre Nichte, aufhalten. Iwan gelangt in das Reich seines Vaters und befreit seinen verschollenen Bruder. Dieser stiehlt ihm das Lebens- und Todeswasser, flieht und gibt sich beim Zaren als Held aus. Bald darauf erscheint plötzlich die Jungfrau Zar und belagert das Zarenreich. Sie verlangt, Iwan zu sehen, da sie – was sie zunächst geheim hält – zwei Kinder von ihm hat. Zunächst werden Iwans Brüder geschickt, da nach Meinung des Hofes nur diese etwas auf dem Kerbholz haben könnten, doch die Jungfrau Zar lässt sie auspeitschen und zurückschicken. Schließlich wird Iwan gesandt, und der Schwindel seines Bruders fliegt auf. Iwan heiratet die Jungfrau Zar und zieht mit ihr in deren Reich unter der Sonne.

Diese Geschichte zeigt erstens, dass die Angst der Hauptfeind des Menschen ist, denn sie lähmt ihn und hindert ihn daran, das zu tun, was er eigentlich will. Sie macht ihn ohnmächtig und unfähig, seine Träume zu verwirklichen. Zweitens wird in der

Alte Postkarte mit dem Bild des Hexentanzes von Hermann Hendrich aus der Walpurgishalle in Thale (Harz).

Behandlung der Hexe durch Iwan klar, dass auf einen groben Klotz ein grober Keil gehört, weil man seiner sonst nicht Herr wird. Man muss die Hexe in die Knie zwingen und beherrschen, erst dann kann man vernünftig mit ihr reden. Tut man das nicht, richtet die Hexe nur Schaden an, indem sie nämlich den anderen einfach irreführt und verschlingt. Und man muss die Hexe nicht nur einmal in die Knie zwingen und beherrschen, sondern immer wieder in ihre Schranken weisen und bannen, denn sie ist schließlich eine Hexe und gibt nicht auf. Sie ändert sich nicht. Es ist ihr Wesen, und das muss man bändigen.

Drittens enthüllt das Märchen, dass sich durch die Überwindung der Angst vor dem Helden eine magische Welt voller Überraschungen und Wunder öffnet, in der alles möglich ist und der Held seine Träume und Ziele verwirklichen kann. Natürlich heißt das nicht, dass der Held nun ausschert und irgendetwas Beliebiges tut, sondern dass er etwas Sinnvolles tut, das sein Ziel erfüllt und der Allgemeinheit dient: die Aufgabe lösen, zu der er ausgezogen ist.

Und als Viertes wird die Taktik der Hexe offen gelegt, mit der sie ihre Opfer fängt: falsche, irreführende, lähmende Argumente. So will die Hexe z. B. wissen, ob Iwan freiwillig oder unfreiwillig gekommen ist. Doch Iwan ist klug und geht nicht auf diese Frage ein, denn sie hätte ihn von seinem Ziel abgehalten. Sie hätte ihn in einem Wald von Gründen, Argumenten und Diskussionen gefesselt, in dem er sein Ziel aus den Augen verloren hätte. Dadurch wäre er ein weiterer Gefangener im Land der Hexe geworden, dessen Knochen die Hexe benagt hätte.

Authentische Hexen

Die Hexen von Salem (USA).
Die Stadt Salem ist bekannt durch Hexenprozesse von 1692.

Elisabeth von Doberschütz, Ehefrau des Stadthauptmanns von Neustettin, Melchior von Doberschütz, wurde am 17. Dezember 1591 enthauptet und verbrannt.

Sidonie von Borcke (1548–1620) aus dem Jungfrauenstift Marienfließ wurde am 28. September 1620 enthauptet und verbrannt.

Anna Roleffes, genannt „Tempel Anneke" wurde am 30. Dezember 1663 in Braunschweig hingerichtet.

Hester Jonas, genannt „die Meurer", wurde 1635 verhaftet, auf dem Hexenstuhl gefoltert und am 24. Dezember 1635 enthauptet und verbrannt.

Anna Göldi, die letzte im Juni 1782 in Europa hingerichtete Hexe

Anna Schnidenwind, geb. Trutt, wurde als eine der letzten „Hexen" in Deutschland 1751 öffentlich hingerichtet.

Fiktive Hexen in Sagen, Traditionen und Geschichten
(eine Auswahl)

Die Knusperhexe aus „Hänsel und Gretel" der Gebrüder Grimm

Die sagenumwobenen **Hexen im Harz**, die die Walpurgisnachtfeier auf dem Brocken begründeten

Die Hexen der alemannischen Fasenacht, die auf die alten Bräuche zurückgehen, zum Winterende Hexenpuppen zu verbrennen.

William Shakespeares **drei Hexen aus „Macbeth"**

Otfried Preußlers **„Kleine Hexe"** (1957)

Bibi Blocksberg, die Hörspielhexe

Gundel Gaukeley, Nebenprotagonistin aus dem Walt-Disney-Universum

Die Hexe Schrumpeldei von Eberhard Alexander-Burgh

Hermine Granger aus der Harry-Potter-Welt

Hexengestalt aus der alemannischen Fasenacht. Zum Winterende wurden einst traditionell Hexenpuppen verbrannt.

Das Überwinden der Angst

Die Lehre aus der Geschichte ist, dass es nötig ist, die Angst zu überwinden. Nicht in dem Sinn, dass man zu wenig Angst hat und leichtsinnig wird oder zu viel Angst hat und der Lähmung erliegt. Denn das war der Fehler der Brüder Iwans: Der eine ging nach rechts und gelangte an einen Kupferberg, auf dem er eine kupferne Schlange fand und auflas – wahrlich keine Heldentat und -trophäe. Der andere ging nach links, wo er der Verführung eines schönen, falschen Weibchens verfiel und von ihr vor dem ersehnten Beischlaf in eine ausweglose Grube gekippt wurde. Beides war also irrig. Die Lösung ist vielmehr, dass man das Optimum zwischen den Extremen zu viel Angst (kein Mut) und keine Angst (zu viel Mut) findet, also dass man ein gesundes Maß an Angst hat, sein zu lassen, was selbstzerstörerisch ist, und dass man ein gesundes Maß an Mut hat und es wagt, das zu tun, was man gern möchte, wovon man träumt. Das ist die goldene Mitte, in der man selbst ist und sich selbst auch lebt.

Denn es geht nicht darum, ob ich oder mein Pferd oder beide oder keiner satt werden. Das ist wieder nur eine lähmende Diskussion, die in die Irre führt und vom Ziel ablenkt, denn es geht eigentlich darum, das zu tun, wozu wir da sind.

Hexengestalten aus dem Tier-, Pflanzen-, Stein- und Geisterreich

Zwischen den archaischen nichtmenschlichen und den modernen menschlichen Hexenfiguren stehen die Wesen aus dem Reich der Pflanzen, Tiere, Steine und Geister. Sie bilden in ihrem Wesen und in Raum und Zeit das Bindeglied zwischen dem nichtmenschlichen und dem menschlichen Bereich. In der Entwicklung sind die Tiere dem Menschen am nächsten. Dann folgen Pflanzen und Steine. Am anderen Ende des Spektrums ragt das Reich der Geister, Feen, Gnome und Elfen in die Welt der nichtmenschlichen Hexenwesen herein. Folgende Beispiele verdeutlichen das:

Tiere

Manche Tiere haben etwas an sich, das fremd, geheimnisvoll und unheimlich wirkt. Beispiele sind Eulen mit ihrem leisen, huschenden Flug, ihrem scharfen, durchdringenden Blick und markerschütternden Rufen, Katzen mit ihrem geschmeidigen Gang, ihrer Individualität und ihren nachts leuchtenden Augen sowie Lemuren, die ebenfalls nachtaktiv sind, riesige Augen besitzen und ihren Kopf um ganze 180 Grad nach hinten drehen können, wodurch sie einen Rundumblick haben. Aufgrund dieser Eigenschaften wurden sie als Hexentiere angesehen. Mit ihren viel besseren Sinnesorganen und vor allem der Unabhängigkeit von Brillen, Krücken, Rollstühlen und

Technik sind die meisten Tiere dem Menschen nämlich haushoch überlegen und werden allein deshalb als magisch empfunden.

Sie nehmen mehr wahr als der Mensch und können schneller und besser reagieren. Ihre viel schärferen Sinnesorgane lassen sie praktisch durch den Vorhang hindurchschauen, der unsere alltägliche Welt Tag und Nacht von der Geister- und Götterwelt trennt. Wenn man dazu noch davon ausgeht, dass Tiere wie der Mensch Bewusstsein haben, spürt man ihr Wesen, ihre Überlegenheit und ihr wirkliches Können auch im Alltag sehr deutlich.

Tierische Fabelwesen

Amphitere, Basilisk, Behemoth, Chimäre, Drache, Einhorn, Elwetritsch, Erdhenne, Feng, Gargoyle, Greif, Grendel, Harpyie, Hydra, Hekatoncheiren, Hippokamp, Ichthyokentauren (bzw. Zentaur-Tritonen), Illuyanka, Kerberos (bzw. Zerberus), Leviathan, Lindwurm, Mantikor, Meerjungfrau, Mermecolion, Minotauros, Nachtkrabb, Nixe, Nöck, Pegasus, Phönix, Rakshasa, Rasselbock, Roch, Salamander, Schrat, Sphinx, Thoeris, Vishap, Welthund, Werwolf, Wolpertinger, Ziz

Tiere in Sagen und Legenden

Tiere können in Märchen menschliche Eigenschaften verkörpern, z. B. „Bruder Hase" aus Afrika oder „Der gestiefelte Kater" der Gebrüder Grimm. Tiere können auch Helfer des Menschen sein, z. B. das vielbeinige geflügelte Ross und der den Helden tragenden Adler, oder aber Feinde, wie etwa die Schlange mit dem gelben Horn aus dem italienischen Märchenschatz. Daneben gibt es Tiere, die für Prinzipien stehen, etwa den Feuervogel, auch Phönix oder Vogel Rokh genannt, der ein Zauberwesen ist und die Transformation des Geistes als ständiges Neuauferstehen aus dem Schutt des zerstörten Alten in eine neue Welt versinnbildlicht. Er ist sowohl in Religion und Mythen als auch in Sagen und Märchen zu Hause.

Bekannt ist auch die listige Schlange aus der Bibel, die Eva samt Adam verführte, vom Baum der Erkenntnis des Guten und Bösen zu essen. Sie steht für die Begierde des menschlichen Erkenntnisdrangs.

Durch ihren fleischlichen, leidenschaftlichen Aspekt sind die Tiere das perfekte Mittel, um die Schreckensbilder aller Tiefen darzustellen, seien es Charybdis, Szylla und alle anderen Ungeheuer der Meere, Drachen der Hölle und des Himmels, Lindwürmer, die den heiligen Georg angreifen, der den Hades bewachende Zerberus, der böse Wolf aus „Rotkäppchen" oder Fenris Wolf aus der germanischen Sage, der gleich einem schwarzen Loch die Welt verschlingt.

Falken stehen für Edelmut und Schnelligkeit, was sie zu beliebten Krafttieren macht. Der erste „magische" Falke war wohl der ägyptische Falkengott Horus.

Halb Tier, halb Mensch

Teils sind die Tiere mit dem Menschen gemischt, wie der Simurgh aus der persischen Legende, ein von dem Maler M. C. Escher im Bild verewigtes vogelartiges Wesen mit einem Menschenkopf, das umherreist und schon dreimal das Ende der Welt gesehen hat, die halbpferdeartigen, halbmenschlichen Zentauren, welche die Töchter der Menschen rauben, die Sphinx, die als Löwe mit Flügeln und Menschenhaupt Mut und Stärke ausdrückt, oder die fisch-menschhaften Nixen, welche die Seefahrer necken. Es gibt unendlich viele Tierfiguren, die durch gute oder böse Taten auffallen oder aber durch ihr bloßes Dasein ihre Umwelt in Zauber und Bann schlagen. Ganz einfache, moderne Beispiele sind Maus, Bandwurm, Egel und Spinne, bei deren Anblick so mancher Mensch trotz aller Vernunft in Ohnmacht fällt.

Einen Höhepunkt erfahren die menschlich-tierischen Mischwesen in den altägyptischen Göttergestalten, die Köpfe von Falke (Horus), Schlange (Kauket), Katze (Bastet), Ibis (Thoth), Schakal (Anubis), Widder (Khnum), Kuh (Mehet-Weret), Krokodil (Sobekh) und vielen anderen Tieren auf menschlichen Körpern tragen. Sie symbolisieren oberflächlich diese Tiere, hintergründig aber die Naturelemente und -bereiche, denen diese Tiere entstammen.

Die Krafttiere der Schamanen

Bei den Schamanen Afrikas, Asiens, Australiens und Amerikas gibt es schließlich reale und fantastische Krafttiere, die dem Suchenden Kräfte und die für sie typischen Eigenschaften vermitteln, ihm den Weg zeigen und ihn bei seiner Aufgabe unterstützen. Durch das Verschmelzen mit dem Krafttier bekommt der Schamane magische Kräfte, die über seine eigenen und die seiner Mitmenschen hinausreichen. Er nimmt das Verhalten und in seiner Vorstellung auch die Gestalt des Tieres an, was durch Zeichnungen ausgedrückt wird, auf denen er als Tier erscheint. Bei den Völkern der Welt wird diese Praxis durch die Geschichten von Hexen ausgemalt, die sich selbst in Tiere verwandeln, um etwas zu erreichen, oder andere Menschen in Tiere verzaubern, um sie zu bestrafen. Dem liegt insofern Wahrheit zugrunde, als Menschen und Tiere einen gemeinsamen Wesenskern haben, in dem sie sich berühren und die Kräfte beider Seiten freisetzen. Wenn die Verwandlung auch nicht äußerlich geschieht, so erfolgt sie innerlich und bewegt und verändert etwas in der Seele. Danach tritt die Änderung auch außen ein.

Tierische Eigenschaften bei Menschen

Und wer kennt nicht die Spiele, bei denen man Menschen Tiere zuordnet? Auch das hat eine reale Grundlage: Da der Mensch sich aus dem Tierreich heraus entwickelt hat, trägt er auch dessen Eigenschaften in sich – manchmal zum Nachteil, manchmal zum Vorteil. Wie oft haben wir schon erstaunt Menschen gesehen, die Schweinen, Giraffen, Gänsen, Hunden, Katzen, Elefanten oder überdimensionalen Hühnern ähneln? Leute mit dem giftigen Blick einer Viper, Männer, edel wie Falken, Frauen, anmutig wie Gazellen, Kinder, niedlich wie Schneckchen ... Menschen setzen den treuen Dackelblick, das liebe Hündchenverhalten, das anschmiegsame Kätzchen oder den wilden Stier ein und kommen damit in magischer Weise zu ihrem Ziel.

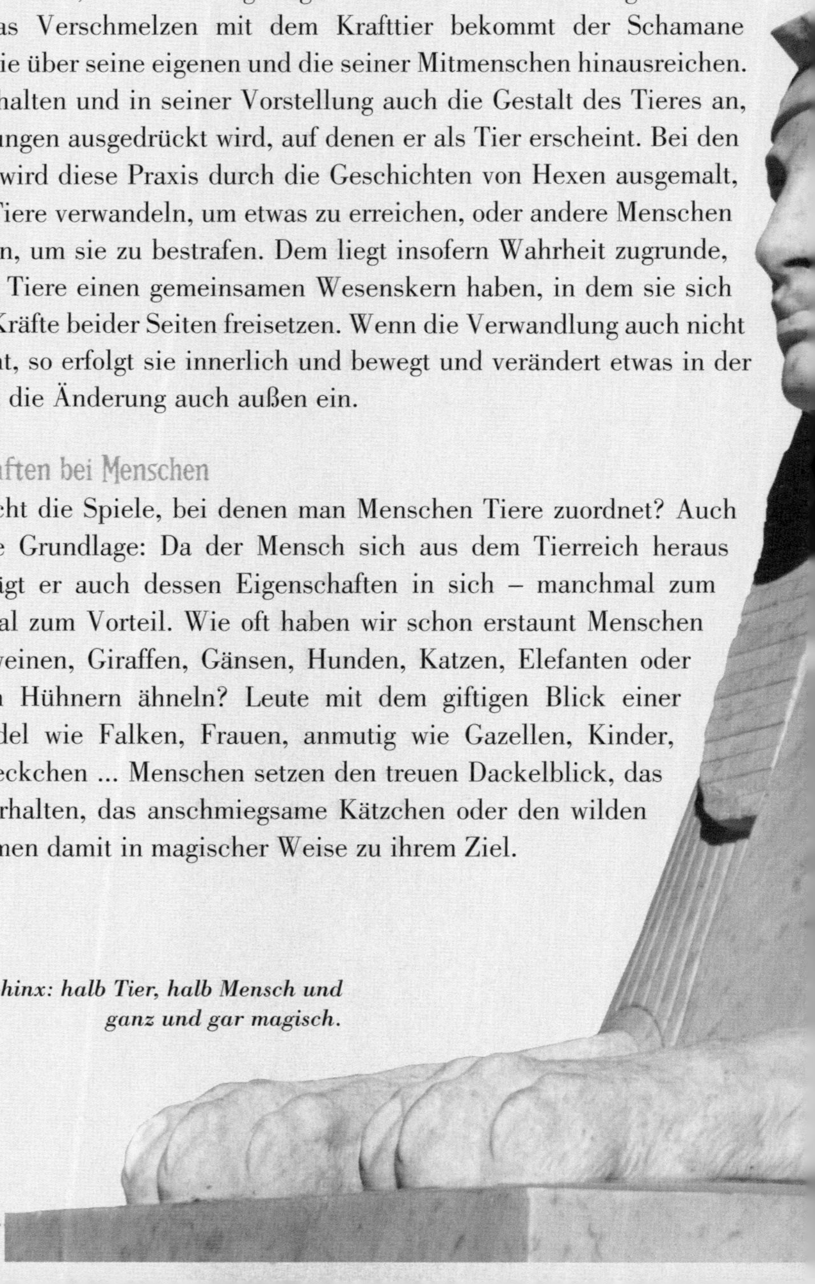

Die ägyptische Sphinx: halb Tier, halb Mensch und ganz und gar magisch.

Pflanzen und Pilze

Pflanzen betören durch ihre Schönheit, Farben, Formen und ihren Duft. Pflanzen sind aber nicht nur natürlicher Schmuck, sondern spenden dem Menschen Baumaterial, Kleidung, Nahrung und Sauerstoff und bilden damit eine unentbehrliche Lebensgrundlage. Wenn man nicht allzu technikversessen ist, kann man sich rein pflanzlich ernähren oder aus Pflanzen Möbel, Häuser, ja ganze Städte und Flotten bauen, praktisch alles, was mechanisch funktioniert. Pflanzen stehen auch Pate bei der Namensgebung, z. B. Rosa, Amanda oder Margarita, um deren Anmut, Freundlichkeit und Schönheit in die Menschen hineinzuzaubern.

Die Pflanzen haben über Ton- und Lichtschwingungen mit ihrer Umwelt Kontakt. Naturvölker glauben, dass die Äste und Zweige der Bäume Antennen sind, durch die sie mit der Geisterwelt sprechen. Pflanzen gelten bei ihnen als geheimnisvolle, intelligente Mittler zwischen materieller und geistiger Welt. Vor allem hohe, kräftige Bäume stehen besonders nachts durch den Austausch unter starkem Strom, weshalb man dann nicht unter ihnen weilen soll. Neue Forschungen, z. B. von Tompkins und Bird („Das geheime Leben der Pflanzen"), belegen, dass Pflanzen tatsächlich per Klang miteinander kommunizieren.

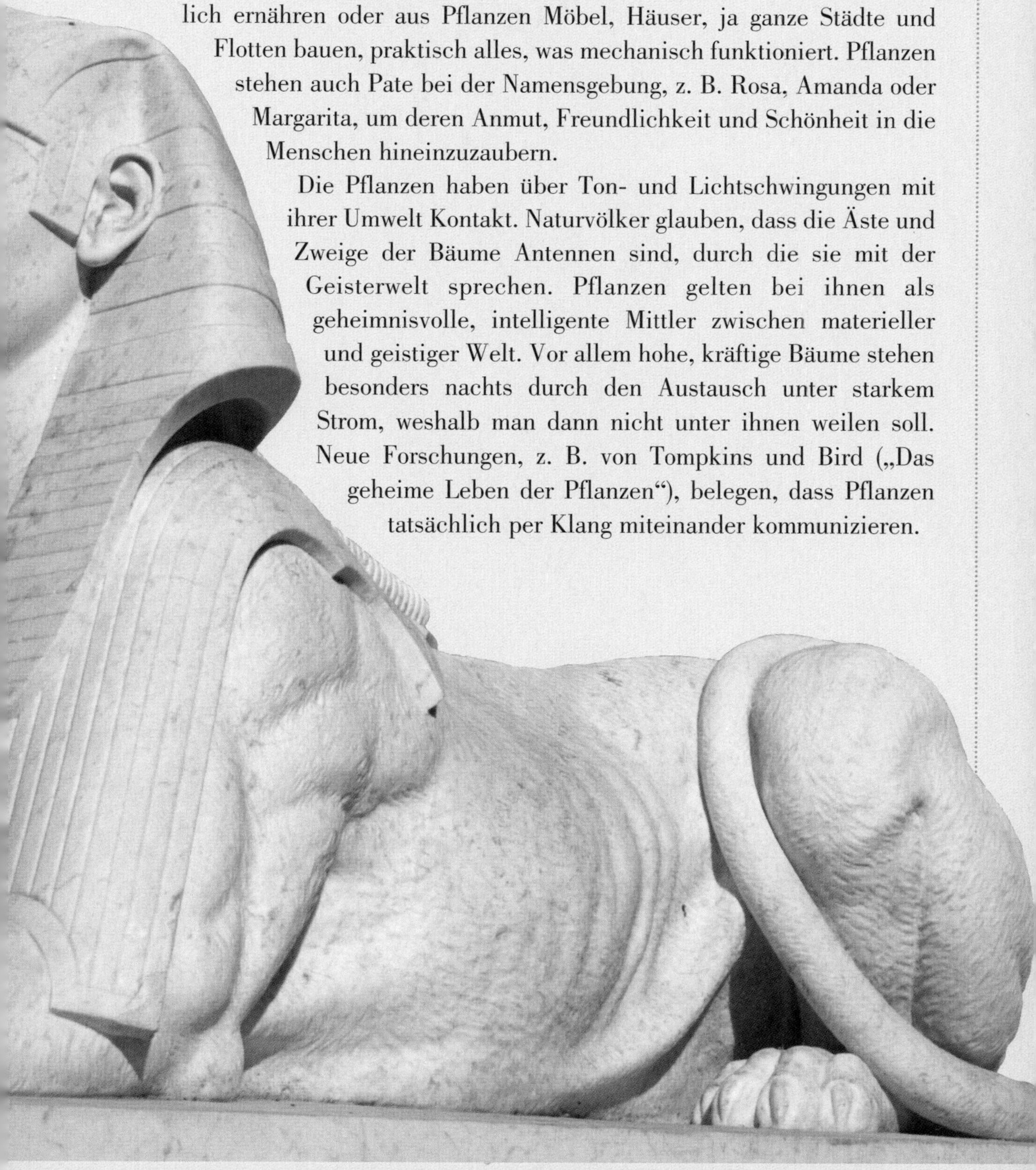

Manche Tiere haben etwas an sich, das fremd, geheimnisvoll und unheimlich wirkt. Beispiele sind Eulen mit ihrem leisen, huschenden Flug, ihrem scharfen, durchdringenden Blick und markerschütternden Rufen

Das Absterben der Nadeln der Nadelbäume durch Elektrosmog zeigt, dass die Nadeln nicht nur einfach spitze Blätter, sondern kleine Antennen sind. Diese können im Wellensalat nicht mehr arbeiten und gehen elend zugrunde.

Der Weltenbaum

Als Pflanze wird auch der Weltenbaum dargestellt, der mit seiner Wurzel in der Unterwelt steht, seinen Stamm in die Erde reckt und seine Äste, Zweige und Blätter in den Himmel erhebt. Er ist in Sagen und Legenden auf der ganzen Welt heimisch und verbindet Himmel und Erde bzw. die Welt der Götter und der Menschen miteinander. Während in seinem Wipfel die Geister und Götter wohnen, muss der Mensch erst lernen, ihn zu erklimmen.

Das Mädchen im Mond

Im Märchen „Das Mädchen im Mond“ aus der Südsee klettert das Mädchen Ejiawanoko auf Bitte ihrer Mutter, die sie vermählen will, den Weltenbaum hinauf und trifft im Himmel Eniburara, die alte, blinde Mutter von Sonne und Mond. Ejiawanoko stiehlt dem Mütterchen Palmsirup, den sie für ihre Kinder kocht, und muss den Schaden nun wiedergutmachen. Sie legt die Hände auf des alten Mütterchens Augen, aus denen Eidechsen und Käfer kriechen, und macht sie wieder sehend. Zum Dank lässt Eniburara das junge Mädchen einen ihrer Söhne zum Mann wählen. Vom Glanz und Feuer der Sonne Iguan abgestoßen, entscheidet es sich für den milden, sanften Mond Merrimen und segelt mit ihm durch den Himmel davon. Der Wunsch ihrer Mutter auf der Erde ist in Erfüllung gegangen.

Der Weltenbaum lehrt den Menschen, durch diverse Methoden, z. B. Meditation, Selbsterkenntnis und Liebe zu Gott und seiner Schöpfung, an ihm emporzuklettern, das heißt, sich zum Himmel und zu den Göttern aufzuschwingen und beim Wiederhinunterklettern den Himmel und die Welt der Götter auf die Erde zu bringen. Die Schamanen, Mönche und Naturvölker tun dies noch heute, nur der christliche Westen hat es mittlerweile verlernt, weil es ihm die Kirche fatalerweise mittels Inquisition, Hexenverbrennung, Rufmord und Folter verboten und ausgetrieben hat. Dieses Defizit versucht die westliche Welt, durch Yoga, Trancetanz, Schamanenreisen und andere Praktiken aufzuholen, die sie bei den anderen Völkern mühsam wieder neu erlernt.

Die Ordnung im Kosmos

Mit seinen Wurzeln, seinem Stamm, mit seinen Ästen, Zweigen und Blättern spiegelt der Weltenbaum die Ordnung im Kosmos wider, in der alle Teile harmonisch zusammenspielen und ein großes, übergeordnetes Ganzes bilden. Der Mensch hat nach der Weisheitslehre vieler Kulturen die Aufgabe, selbst ein kleiner Weltenbaum zu werden und die durch Kirchen, Industrie und Machtgier voneinander getrennten Erde und Himmel miteinander zu verbinden, denn er ist die Brücke zwischen oben und unten, der Vermittler der göttlichen Kräfte auf die Erde und der Überbringer der irdischen Belange in den Himmel. Das klingt sehr abstrakt, ist aber sehr konkret und hat einen tieferen Sinn: Der Mensch kann sich nur weiterentwickeln, wenn er die Unterwelt unter sich spürt und mit dem Himmel in Berührung bleibt – selbstständig und ohne übelwollende Hilfe. Tut er das nicht, wird er von seiner Kraft abgeschnitten, stagniert und geht unter. Lebt der Mensch diese Logik oder versucht, sie wenigstens umzusetzen, entsteht nach und nach ein magischer Kreislauf, in dem Gott und Mensch immer mehr ihre Trennung voneinander überwinden und zusammenwirken. Dabei erwacht die Welt aus dem Alptraum von Elend, Katastrophen, Umweltzerstörung und Krieg und verwandelt sich in ein Märchenland der kühnen Visionen, sinnvollen, im tiefsten Herzen ersehnten Veränderungen, blühender Fantasie und Gerechtigkeit. Aus Hass und Krieg wird Lernen, Ergänzung und Kooperation.

Pflanzen mit Zauberkräften

Viele Pflanzen, z. B. Beifuß, Salbei, Hagebutte oder Kamille, haben durch ihre Inhaltsstoffe und ätherischen Öle eine Heilwirkung, teilweise in so hohem Maß, dass ihnen Zauberkräfte zugesprochen und Legenden um sie gewoben werden. So gibt es etwa die blaue Rose, die versteckt am Rand der Welt und von Ungeheuern bewacht wächst. Sie symbolisiert den Himmel innerhalb unserer Welt, durch die sich der Held mühsam durchkämpfen muss.

Von der geheimnisvollen Alraune, deren Wurzeln menschenähnlich aussehen, heißt es, dass sie, wenn man sie aus der Erde zieht, aufschreit und dass sie verliebt macht und prophezeien kann. Das Johanniskraut hat aufheiternde Wirkung und soll nach der Volkssage in der Johannisnacht gepflückt werden, weil es dann am besten wirkt. Es glüht nach der Legende in hellem Rot. Bricht man es ab, entsteht großer Lärm, der von Hexen kommt und den frechen Eindringling nachhaltig erschrecken und vertreiben soll.

Psychoaktive Pilze und Pflanzen

Noch stärker wirken die psychoaktiven Pflanzen und Pilze, die oft mit anderen Pflanzen in Symbiose wachsen. Sie öffnen die Kanäle des Körpers zu der so fremden, ihn umgebenden Welt und versetzen ihn ins Geister- und Seelenland, das je nach Wesen, Innenzustand und Taten des ausfliegenden Bewusstseins Himmel oder Hölle wird. Dieser magische Flug ist der Eintritt ins sonst durch Polizei, Inkassofirmen, Versicherungen, Rechtsanwälte und Gerichtsvollzieher sorgsam abgeriegelte Märchen- und Zauberland, wo stolze Schlösser aufstreben, Hexen jagen, schöne Mädchen rufen und

Fliegenpilze zählen zu den psychoaktiven Pilzen, denen magische Kräfte zugeschrieben werden. Trotzdem ist dieser Pilz giftig und nicht zum Verzehr geeignet.

verzauberte Prinzen schmachten. Oder muss etwa das äußere Märchenland unterdrückt werden, damit das innere wachsen kann?

Steine und Metalle

In der Philosophie heißt es, Steine seien geronnenes Licht. Tatsächlich zeichnen sich vor allem Edelsteine durch ihre große Härte, Farbigkeit und helles Strahlen aus. Sie

Wegen ihrer Schönheit und vielfältigen Verwendbarkeit gelten Steine und Metalle in allen Kulturkreisen als Schätze der Erde und als Heilmittel.

stehen zwischen dem 4. und 3. Aggregatzustand, also zwischen Plasma, wie es in der Sonne oder der Ionosphäre der Erde vorkommt, und fester Materie, wie wir sie hier auf der Erde haben. Die meisten Steine bestehen aus gepresstem Kohlenstoff (Diamant), Silikaten oder Verbindungen aus nichtmetallischen Anionen mit den sie bunt färbenden Metallionen. Manche von ihnen zeigen Blumen, Bäume, Landschaften, Dörfer und andere Strukturen der Zukunft, die sich im Lauf der Erdgeschichte langsam durch die Arbeit der Natur und des Menschen aus ihnen heraus entwickeln. Es ist beeindruckend und geradezu magisch, wie die mikroskopisch kleinen Ringe, Ketten, Würfel und Zylinder der Silikate in der modernen Technik in riesenhafter Gestalt wiederauftauchen, um dann in der Nanotechnologie wieder in das atomare Reich ihrer Herkunft hinabzusteigen. Man könnte meinen, die Silikate, Metalle und Erze hätten die ganze Zeit über in der Erde gewartet, damit der Mensch kommt und die winzigen platonischen Körper schmiedet, kombiniert und ins Riesenformat transformiert.

Edelsteine

Ähnlich auch die Edelsteine: Es wirkt, als ob hoher Druck und Temperaturen in der Erde Diamanten, Rubine, Malachit, Lapislazuli und ihre Verwandten so stark gepresst haben, dass sie wie Fontänen aus der Erde hervorschießen und mit menschlicher Hilfe in den schönsten Kunstgegenständen, Talismanen und Kronjuwelen landen.

Schwarze Katzen werden nahezu unweigerlich mit Magischem in Verbindung gebracht und finden sich häufig in Begleitung von Hexenwesen aller Art.

In fliegenden Teppichen, sprechenden Automaten, reisenden Schlangen und magischen Augen, sprich Flugzeugen, Computern, Robotern, Bahnen und Bussen, Fernsehern, Telefonen, Mikro- und Teleskopen, werden die Legenden der Orientalen wahr, allerdings im Abendland, geradezu als ob eine Seelenwanderung nach Westen stattgefunden hätte. Vielleicht sind wir Abendländer ja die Orientalen von früher und die Orientalen die Abendländer von gestern?

Schätze der Erde und magisches Heilmittel

Jedes Metall, jeder Stein hat eine charakteristische Individualität, Farbe und Form, die ihn auszeichnen. Wegen ihrer Schönheit und vielfältigen Verwendbarkeit gelten Steine und Metalle in allen Kulturkreisen als Schätze der Erde und als Heilmittel. Es heißt, dass sie die Informationen aus ihrer Umwelt aufnehmen, speichern und wieder abgeben, also Informationsträger sind. So kann man Unliebsames in sie hinein- und wegzaubern oder Gewünschtes „injizieren“ und weiterverbreiten. Das nutzen Heilpraktiker und Schamanen seit Urzeiten und kombinieren effizient Wirkung und ideelle Transportfähigkeit des Steins. Die natürliche Wirkung eines Steins wird den zu

behandelnden Körperteilen oder Problemen zugeordnet und – um das Ganze abzurunden – die Heilung bei günstigen Planetenständen, Orten und Tagen vorgenommen. Es gibt heute zahlreiche Zuordnungssysteme: indigene, antike, moderne westliche, indische oder ganz persönliche nach ureigenem Empfinden. Sie alle helfen, sich mit der Umwelt, der Erde, Tieren, Pflanzen, anderen Menschen und den Sternen zu verbinden und zu synchronisieren.

Der Zauberdolch

Steine und Metalle sind belebt. Das zeigt uns der tibetische Zauberdolch Phurbu, der eine Seele besitzt und selbstständig wandern, fliegen und andere Wesen attackieren kann. Sie wird aber ebenso deutlich in den modernen Geräten, die manchmal ein Eigenleben haben und falsch gehen, menschliche oder tierische Laute von sich geben, etwas völlig Unerwartetes anzeigen oder auch aus heiterem Himmel abstürzen.

Geister

Geister sind reine Inhalte, Wesen ohne materiellen Körper. Sie werden sinnlich nur im Austausch von Photonen und Gravitonen, also in Licht und Klang, wahrnehmbar. Deshalb erscheinen sie als weiße oder farbige Lichtgestalten, sanfte, polternde oder krachende Klänge oder als das Empfinden einer Anwesenheit von etwas, das für die Augen unsichtbar bleibt.

Geistergeschichten der Welt

Bekannt sind die weltweiten Geschichten von Geistern von Verstorbenen, die überraschend oder rettend erscheinen, von rasenden Poltergeistern, guten Feen, Gnomen und Elfen, die beim Gartenbau helfen, Dämonen, die den Wanderer nach Sonnenuntergang vom Weg ab schnurgerade in die Falle locken, von Nymphen, die Flüsse und Teiche, Berge, Grotten, Bäume und Steine beseelen und beschützen, von Besessenen, in deren Körper streitbare körperlose Geister auf der Suche nach einem für ihre Zwecke willigen Roboter Einlass begehren, oder die vielen Erzählungen von der inneren Stimme, die den Suchenden berät und zum Ziel führt.

Die Schneekönigin aus Hans Christian Andersens Märchen ist ein abstrakter, aber wirksamer Inhalt und symbolisiert die Kälte, das Reich des Schnees und des Vergessens. Der Magier Padmasambhava traf bei der Übersiedlung nach Tibet auf Scharen von Geistern, die er bezwingen musste, um das in der Bhön-Religion harrende Land zivilisieren zu können.

Geschichten über gute Feen und hilfreiche Elfen werden auf der ganzen Welt erzählt.

Der Weltenbaum ist in Sagen und Legenden auf der ganzen Welt heimisch und verbindet Himmel und Erde bzw. die Welt der Götter und der Menschen miteinander.

Im Islam weiß man von Dschinns, welche die Lebenden umspielen und als persönliche Leitgeister dem Menschen helfen und ihn im Gegenzug dafür diktatorisch beherrschen können. Das Christentum kennt den Pakt mit dem Teufel, dem der Suchende gehorsam seine Seele verkauft. Im Hinduismus kämpfen die guten und bösen Geister um die Seele des Dahinscheidenden. Der Buddhismus verehrt das Wesen des Buddha, der schon längst das Zeitliche gesegnet hat, und seine Lehre. Laut Konfuzianismus wurden bisher ganze neun Menschen zu Unsterblichen, die im Himmel wohnen.

Gott Vater, der Heilige Geist, die Himmelskönigin und Jesus Christus wachen im Universum und bringen Liebe über die Menschen. Die rächende Gottheit Jahwe bestraft in flammendem Zorn Sünder und freche Gesetzesübertreter. Die Stimme Gottes führte Moses aus seiner Heimat im Südirak nach Israel. Geister leiten Indianer auf der Suche nach neuen Jagdgründen, erschließen ihnen neues Land usw. Die Beispiele lassen sich unendlich fortsetzen.

Inspiration durch die Welt der Geister

Geister beseelen, bewegen und inspirieren den Menschen. Sie „begeistern", sind Lebensgeister. So sah z. B. der Chemiker Auguste Kekulé im Traum einen Kranz von sechs Schlangen, die sich in den Schwanz bissen. Diese Vision half ihm, die Struktur des Benzolrings zu finden. Träume gelten als Wanderung der Seele durch die Welt und ermöglichen es ihr, unabhängig von Raum und Zeit zu agieren.

Die Toten leben im Geisterreich in einer anderen, von den Lebenden nicht abgeschirmten Welt weiter. Wenn der Träumer wieder aufwacht und sich die Geister reinkarnieren, schließt sich der Kreis, und wir betreten wieder die materielle Welt, in welcher der Träumer sich erst wieder einfinden muss und die Geister nach Abenteuern suchen.

Die Geister sind nicht manipulierbar, sondern sie sind Wesen wie wir, die einen eigenen Willen haben und ebenso, wie wir das für uns wollen, von uns Respekt und Liebe für sich verlangen. Ihnen geht es außerdem darum, dass der Mensch etwas Rücksicht auf seine Umwelt nimmt.

Zauberkräftige Gegenstände

Mit zauberkräftigen bzw. magischen Gegenständen wird die Hexerei ausgeübt. Es sind die Werkzeuge der Hexen und Zauberer. Sie werden vom Willen einer Hexe oder eines Zauberers gesteuert oder handeln und wirken selbständig. Beispiele für zauberkräftige Gegenstände sind:

Zauberstab: wird als Dirigierinstrument zum Zaubern benutzt.
Kristallkugel: zeigt das Geschehen an anderen Orten und in der Zukunft.
Zauberschwert: hilft, besonders mächtige Gegner zu besiegen.
Magischer Altar: ist ein Ort der Besinnung und des Gebets.
Blaues Licht: Feuerzeug, mit dem man drei Hunde herbeiruft, die jeden Befehl ausführen.
Magisches Wollknäuel Ariadnes: führt Theseus durch das Labyrinth zum Minotauros.
Fliegender Teppich: trägt den Fluggast zu jedem beliebigen Ort.
Aladins Wunderlampe: Ihr Geist erfüllt im Handumdrehen jeden Wunsch.
Tarnkappe: macht den Helden unsichtbar.
Siebenmeilenstiefel: bringen ihren Träger im Handumdrehen an den gewünschten Ort.
Zaubernüsse aus „Aschenbrödel“: entpacken schöne Kleider, Kutsche und Bedienstete.
Tischleindeckdich, Goldesel und Knüppelausdemsack: versorgen den Helden mit Essen, produzieren für ihn Geld und wehren seine Feinde nachhaltig ab.
Phurba und Karttrka aus Tibet: Dolch und Hackebeil, die ferngelenkt arbeiten.
Sprechende, essende Puppe aus „Wassilissa die Schöne“: erledigt für die Heldin Wassilissa, die sie angefertigt hat, schwierige Aufgaben.
Talisman, Amulett: schützt vor negativen Einflüssen und Gefahren.
Fetisch: stellt im Voodoo die Verbindung zu den Göttern her.
Moderne Maschinen, z. B. Flugzeuge, Roboter, Internet: erweitern die Sinnesorgane, verleihen tausend Arme und verwirklichen die verschiedensten Aufgaben.

Auch die Zauberdinge fordern eine anständige Behandlung, da sie sonst streiken, verschleißen, kaputt gehen oder aber den Dienst quittieren und auf der Suche nach einem besseren Meister davonlaufen. Die Zaubermittel können ohne weiteres Zutun schon in der Natur existieren oder vom Zauberer angefertigt und mit magischen Fähigkeiten versehen werden. Es gibt beliebig viele magische Gegenstände – so viele, wie bereits da sind und wie wir herstellen und mit Zauberkraft ausstatten.

Alt und neu

Wir sehen: Da wir von den Göttern kommen, also ihre Kinder sind, unterliegen wir auch den alten Gesetzen. Zwar kommen in jeder neuen Ebene neue Gesetze hinzu, doch wirken, ebenso wie ein Baum stets Wurzeln hat und die Entwicklungsstufen Steine, Pflanzen, Tiere, Menschen und Technik parallel existieren, die alten Gesetze unter der Oberfläche weiter. Die Götter sind also immer noch da, sie weilen und wandeln unter uns. Die neuen Dinge sind demnach immer nur Ergänzung, nie jedoch Ersatz des Alten, und deshalb können auch unsere neuen Entdeckungen, Erfindungen und Errungenschaften niemals das Alte ersetzen, sondern eben nur ergänzen. Die Götter entwickeln sich kontinuierlich über uns als Zwischenstufe weiter, ohne dabei etwas von sich abzuschneiden.

Wir brauchen das Alte wie die Wurzel oder den Boden. Ebenso wie eine Pflanze nacheinander Wurzel, Stängel, Blätter und Blüten entfaltet und dann mit all diesen Teilen zusammenlebt, können auch wir nur als Gesamtheit von Körper, Seele und Geist bzw. Boden, Mitte und Himmel leben. Ebenso wie die Pflanze können wir nichts davon wegschmeißen, wir brauchen jeden Teil von uns. Anders geht es nicht, wie die heutigen Probleme uns überdeutlich zeigen.

Warum lassen wir Alt und Neu gegeneinander kämpfen und zerstören, anstatt sich sinnvoll wie die Teile der Pflanze ergänzen und miteinander zum Lebensbaum wachsen? Dürfen wir nicht besten Gewissens zu dem Alten stehen und im Neuen eine erfüllende Welt daraus machen, voller Ehrlichkeit, Gerechtigkeit, Standhaftigkeit und Liebe, von der wir sagen können: „Das bin wirklich ich!“?

Die Angst verlieren

Es gilt also, die Angst vor den Hexen und Zauberern zu verlieren und sich stattdessen zu fragen, was sie bedeuten, wohin sie den Menschen und die Gesellschaft führen und was man daraus lernen kann. Es gilt, die eigentliche Botschaft der Hexenwesen und -geschichten zu verstehen und zu nutzen. In diesem Sinne sagte C. G. Jung: „Man wird nicht erleuchtet, indem man sich Lichtgestalten vorstellt, sondern indem man sich die Dunkelheit bewusst macht.“

Hexen zeigen uns das und noch vieles andere, weil sie zu dem stehen, was sie sind, und weil sie ihre Sehnsüchte nicht leugnen oder verdrängen, sondern weil sie ehrlich und mutig leben.

Hexen im 21. Jahrhundert

Nachdem wir im vorangegangenen Kapitel gesehen haben, wie sich Hexenwesen im Lauf der Geschichte entwickelt hat, wollen wir uns nun den modernen Hexen widmen. Wie lebt eine Hexe heute? Was motiviert sie, was glaubt sie? Wie ist sie organisiert, welche Werkzeuge benötigt sie? Und wie sieht das Universum einer Hexe im Gegensatz zu dem eines „normalen" Menschen aus?

Hexenzirkel

Moderne Hexen sind sehr unabhängig und selbstbestimmt. Sie können allein oder in Gruppen arbeiten oder auch beides. Manche suchen selbst nach Weisheiten und Zutaten für ihre Rezepte, führen ihre Rituale zumeist allein durch und bieten ihre Dienstleistungen als Einzelperson an: Kartenlegen, Lebensberatung, Liebeszauber, Träume ergründen, die Zukunft beeinflussen usw. Andere treffen sich z. B. regelmäßig an einem bestimmten Tag in der Woche, wobei sie sich untereinander austauschen, Rituale abhalten, Probleme diskutieren und sich gegenseitig helfen. Wer Fragen hat oder mitmachen möchte, kann sich an zahlreiche Hexenvereine aller Richtungen wenden, die z. B. im Internet, im Seminar oder über Freunde und Bekannte zu finden sind. Einige Adressen finden Sie auch auf Seite 108.

Glaubensinhalte

Nach dem Glauben der Hexen ist die Natur beseelt und lebendig. Es gibt nichts Totes, selbst ein Stein lebt. Die Natur wird von Gottheiten beseelt, die einem höchsten, alleinigen Gott unterstehen, der sie umfasst und transzendiert. Das kommt dem indischen Weltbild mit seinem Götterpantheon, das von einem obersten Gott regiert wird, recht nahe. Der höchste Gott entspricht dem chinesischen Tao, dem Brahma im Hinduismus und dem Shunyata des Buddhismus. Die Götter und der höchste Gott leben nicht wie etwa im Kirchen-Christentum oder im Islam in einem unerreichbaren, erst im Tod zugänglichen Himmelreich, sondern direkt in der Natur. Sie sind die Natur und daher auch greif- und erfahrbar, z. B. in Tanz, Ekstase, Meditation oder auch im Alltag.

Gott und Schöpfung sind eins, denn Gott lebt in seiner Schöpfung. Jeder Mensch ist ein Teil der Natur und der ihr innewohnenden Götter, wie es in Frida Kahlos Bild „Die Liebesumarmung des Universums" sehr schön gezeigt wird. Der Kontakt zu den Gottheiten und zu Gott wird über ein Ritual hergestellt, in dem die Gottheit auf eine Person und ihr Problem aufmerksam gemacht und mit einem Opfer dazu bewegt wird, ihr gewogen zu sein und bei der Lösung des Problems zu helfen.

Ein Hexenmeister in einem Märchenpark für Kinder. In Märchen auf der ganzen Welt kommt die Figur des bösen Hexers vor, mit der Realität hat sie nur wenig zu tun.

Die Prinzipien des Universums

Das Universum wird von zwei grundlegenden polaren Prinzipien durchdrungen: dem Gott, dem Männlichen, das aktiv, gestaltend, zeugend ist und durch die feurige Sonne symbolisiert wird, und der Göttin, dem Weiblichen, welches einen passiven, aufnehmenden, fruchtbaren Charakter hat und sich im ruhigen Mond widerspiegelt. Das Weibliche beinhaltet die Dreiheit aus Jungfrau, Mutter (z. B. der Erdmutter) und weiser Frau (gut als Fee, böse als Hexe). Das männliche Prinzip umfasst die Dreiheit Jüngling, Vater (Himmel) und alter Mann (gut als Zauberer, böse als Hexer).

Hexen können heidnische Gottheiten aller Kulturkreise anbeten, z. B. die nordischen Götter, die vorderasiatischen Gottheiten, altägyptische, jüdische, indische, polynesische Gottheiten usw. Sie können sich an christliche Mystik, Taoismus, Tantra, Kabbala, Sufismus oder sibirisch-indianisch-pazifischen Schamanismus anlehnen. Oft bleiben sie aber in der europäischen Tradition der Germanen, Kelten, Griechen und Römer verhaftet.

Der Teufel und die Dämonisierung der Natur

Das Männliche wird hier oft gehörnt wie ein Bock und mit einem erigierten Penis dargestellt, um seinen Trieb und seine Zeugungskraft zu betonen. Daher kommt die Figur des Teufels, der ursprünglich ein antiker griechisch-römischer Fruchtbarkeitsgott altägyptischer Herkunft war und erst durch die Kirche „verteufelt" und mit dem Bösen gleichgestellt wurde. Mit dieser Dämonisierung der Naturkräfte und des Zeugungsprinzips bekämpfte die Kirche das männliche Prinzip, Gott. Mit der Hexenverfolgung und -verbrennung bekämpfte die Kirche das Weibliche, die Göttin. Durch diesen Doppelschlag gegen die Natur und das ursprüngliche Christentum konnte die Kirche ihre Macht aufbauen und festigen. Um dann zu sehen, dass eine gegen die Natur und den Menschen gerichtete Macht hinfällig ist – denn heute treibt die wieder erwachende Natur die Menschen des Westens in Scharen aus der Kirche heraus und auf Sinnsuche ihren alten ursprünglichen, „hexerischen" Wurzeln, einer neuen, symbolisch-bildhaften Bibelauslegung, den biblischen Apokryphen oder gar fremden Kulturen zu, die voller Schätze, Wunder und Leben sind. Heiden und unorthodoxe Christen haben mitunter eine höhere Ethik, die zudem von Herzen kommt und ehrlich ist, als die von oben auf einen unethischen Charakter gestülpte Moral des Kirche, die so manche Hexe und so manchen Hexer nur notdürftig verbirgt.

Früher gab es religiösen Zwang, heute dagegen religiöse Freiheit. Die Hexe, gerade den Fängen der Kirche und Inquisition entronnen, weiß, dass man in der globalen Vielfalt der religiösen Sitten und Bräuche leicht den Überblick und am Ende sich selbst verlieren kann und achtet daher darauf, bei der Suche nach ihren Wurzeln und ihrem Seelenheil eine Richtung zu finden, bei der sie nicht wieder von sich selbst entfremdet wird, sondern bodenständig und sich selber treu bleibt. Sie sucht und probiert unter den Möglichkeiten aus, was für sie gut, passend und authentisch ist, und entscheidet sich dann für eine Richtung oder verbindet mehrere Richtungen zu etwas Neuem.

Die Harmonie von männlichem und weiblichem Prinzip

Nach Sicht der Hexe bedingen und brauchen das weibliche und männliche Prinzip einander und wirken gemeinsam, schaffen zusammen die Welt. Sie sind beide in jeder einzelnen Person in verschiedenen Anteilen vorhanden und können einander ergänzen oder aber einander lähmen und bekämpfen. Sind sie im Gleichgewicht, dann sind sie in Übereinklang mit dem göttlichen Zustand, dem universellen Sinn, dem All, dem Tao. Dabei ist die Polarität aufgehoben, und Männlich und Weiblich wirken als eine einzige Kraft. Diese Einheit der Polaritäten, also eine ungetrennte, nichtduale Welt ist für Hexen sehr wichtig, da sie Harmonie und die Grundlage und Voraussetzung überhaupt allen Seins ist. Dieser Zustand ist ursprünglich, gesund und heilig. In Disharmonie geratene männliche und weibliche Kräfte können durch Rituale und andere Kulthandlungen, z. B. Zeremonien und Feste, wieder miteinander versöhnt und ins Gleichgewicht gebracht werden.

Freie Wahl der Gottheiten

Eine Hexe kann ihre Gottheit je nach ihren Eigenschaften und Vorlieben frei wählen. Bei der Kontaktaufnahme und beim Dialog sieht sich die Hexe nicht als Untergebene oder Sklavin, sondern als gleichberechtigte Partnerin bzw. der Hexer als gleichberechtigter Partner der Gottheit an. Durch diese Gleichberechtigung bringt die Hexe ihre eigentliche Verehrung zum Ausdruck, die durch die selbstbewusste, geradlinige Haltung viel besser möglich, da sie für ihr Gegenüber konstruktiv und anregend ist. So entsteht ein echter Dialog und sinnvoller Austausch, der beiden Seiten nutzt. Die Hexen setzen dabei die Kräfte Wille, Vorstellung und Glauben ein, die ihre Wahrnehmung schulen, öffnen und erweitern und ihnen eine Wechselwirkung mit der anderen Welt gestatten.

Gewalt – nein danke!

Da das Weltbild der Hexen nondual und integrierend ist, lehnen sie bis auf einige schwarzmagische Vertreter Gewalt ab. Die Hexe kennt auch keinen Erlösungsgedanken wie in den monotheistischen Religionen, sondern strebt danach, in Übereinklang mit der Natur zu leben, weil sie weiß, dass die Natur alles und ewig ist. Die Natur und das Leben sind Hexen göttlich und heilig. Der Körper gilt nicht als ein sündiges,

Hexenszene, Umkreis des David Tenier d. J. (1610–1690) um 1700,
Berlin, Deutsches Historisches Museum

überwindendes, aufzulösendes Stadium, sondern als ein Geschenk, das es erlaubt, Freude zu empfinden, die Umwelt zu spüren, Erfahrungen zu machen und sich weiterzuentwickeln.

Wiedergeburt

Hexen glauben an Wiedergeburt, da alles Leben in einem ewigen Kreislauf miteinander verwoben ist und sich ewig in Variationen selber neu erschafft. Es macht Spaß, daran teilzunehmen, und es ist sinnvoll, im Sinne Gottes, der all das verkörpert und demnach auch will und genießt. Das Leben ist also nicht nur Leiden, wie die buddhistische Anschauung meint, sondern es ist ein göttliches Ganzes, das neben dem Leiden auch sehr viel Positives und Schönes enthält, das man wegen des Leidens nicht wegwerfen sollte. Außerdem gibt es kein vorgeschriebenes Schicksal, sondern die Seele sucht sich mehr oder weniger bewusst frei aus, was sie tun und erleben möchte. Die Seele kann zudem lernen, wie das eigene Leben aktiv gelebt und gestaltet wird. Die Träume geben ihr dabei Rat, was sie tun sollte, und weisen sie auf verborgene Potenziale hin, die sie ausschöpfen kann.

Leben und leben lassen

Die Hexe toleriert und achtet stets die Religion und die Ansichten anderer. Sie zwingt ihr Weltbild niemandem auf und lebt nach dem Motto: „Leben und leben lassen!“ Jeder hat Verantwortung für sein Tun und sollte es sich deshalb stets sorgfältig überlegen. Das Handeln der Hexe hat direkte oder indirekte Ergebnisse, es gibt keine Wirkung ohne Ursache. Ein Missgeschick muss demnach nicht zwangsläufig negatives Karma als Ursache haben, sondern kann ebenso auch Folge von Gier, Unwissenheit, Angst, Unaufmerksamkeit oder anderen Unzulänglichkeiten sein. Deshalb kann Unglück, z. B. persönlichem Pech, Naturkatastrophen, technischen Pannen und kollektiven Krisen und Kriegen, durch Bewusstseinschulung und Aufklärung über die Zusammenhänge und auslösenden Mechanismen entgegengewirkt werden.

Aktives Einsetzen für die Natur

Gerade in der heutigen Zeit ist es sehr wichtig, das Bewusstsein zu erweitern, aufzuklären, sich zu vernetzen und gezielt etwas zu tun, um die Folgen der Umweltzerstörung abzuschwächen und einen drohenden neuen Weltkrieg zu verhindern. Da die verantwortlichen Umweltzerstörer und Kriegstreiber keine Rücksicht auf ihre Mitlebewesen und ihre Umwelt nehmen, muss die Hexe nicht nach dem Wort „Liebe deinen Nächsten!“ ihre Zerstörer lieben, sondern darf sich ruhig aktiv für die Belange von Mensch, Erde und Gott einsetzen, um Schlimmeres zu vermeiden. Vielleicht gewinnt ja diesmal endlich die Hexe!

Eine litauische Hexenfigur aus Holz

Kenntnis und Aufnahme von Neuem

Moderne Hexen bleiben nicht bei den alten, überlieferten Kräuterrezepten, Ritualen und Lehren von den Ähnlichkeiten und Entsprechungen, Ursachen und Wirkungen stehen, sondern integrieren auch Naturwissenschaften und neueste Technik in ihr Weltbild. Hexen haben ihr Inventar von Zauberspiegel, Hexenkessel und magischen Steinen durch Handy, Autos, Fernseher und Computer aufgestockt und bewegen sich damit wirkungsvoll durch die Abgründe und Höhen der Neuzeit. Ihre Anschauungen werden durch viele naturwissenschaftliche Erkenntnisse bestätigt, z. B. die Gaia-Hypothese von James Lovelock.

Hexen vermuteten nicht nur hypothetisch, sondern wussten schon immer, dass die Erde ein Lebewesen ist, nur hat ihnen niemand geglaubt, und es musste erst ein Wissenschaftler darauf hinweisen, dass es so sein könnte – der dann Preise, Ehren und Geld dafür bekam, während die Hexen mit dem autoritär-trockenen Verweis, dass ihr Wissen ein totes Pferd sei, genüsslich bis herablassend an den Katzentisch der patriarchalen Cliquenwirtschafts- und Haudraufgesellschaft verwiesen wurden.

Trotzdem: Nichtlokalität, Parallelwelten, morphische Felder, Chaostheorie, Stringtheorie, Inhalte der Speziellen Relativitätstheorie u. v. m. sind den Hexen bereits seit Jahrtausenden bekannt, nur in anderen Begriffen, die immer wieder als unwissenschaftlich verurteilt werden, um die unliebsame Konkurrenz wegzudrängen. Haben Sätze wie „Alles ist eins und miteinander verbunden“, „Verwandlung ist Hineinbeförderung in eine andere Welt“, „Alles weiß voneinander und kommuniziert miteinander“, „Alles ist wichtig – kleine Ursachen können eine immense Wirkung haben“, „Alles besteht aus der gleichen Substanz und unterscheidet sich nur in Schwingungsfrequenz und -muster“, „Vergangenheit, Gegenwart und Zukunft treffen sich, wenn die Hexe draufschaut, in einem Punkt“ oder „Geist und Materie wechselwirken universal sinnvoll miteinander“ nicht den gleichen Wert, nur weil sie anders formuliert sind?

Einbringen in die Gesellschaft

Wie kann ein Mann wie unser Wissenschaftler auch wissen, dass männlich und weiblich nur zusammen komplett sind und man voneinader lernen und sich gegenseitig helfen und ergänzen kann? Das muss ihm erst die Hexe beibringen. Vielleicht mussten Hexen ja ein Opfer bringen, damit die moderne Gesellschaft entstehen konnte, die auch Hexen genießen? Und haben die Hexen linker, konservativer, feministischer und aller Couleur nun die Aufgabe, sich trotz ihres berechtigten Grolls doch wieder in die Männerwirtschaft einzubringen, weil diese mit all ihren plumpen, tödlichen Maschinen und Waffen ohne die flugkundigen Hexen jämmerlich gegen den Baum fahren würde? Also auch hier männliches und weibliches Prinzip zu einem harmonischeren, funktionierenden Ganzen zu verbinden, das nicht von Vernichtung durch Einseitigkeit und Verhärtung bedroht ist?

Initiierung und rituelle Handlungen

Hexen lernen ihre Kunst von einem Meister. Wenn sie einen bestimmten Kenntnisstand haben, können sie initiiert werden. Das ist notwendig, um einen Platz in der magischen Gemeinschaft zu bekommen und um zu wissen, wo man sich auf der Leiter des Lernens von der Natur befindet.

Rituale sollen helfen, die Wünsche der Hexe oder einer Person, die sie um Hilfe ersucht, zu erfüllen. Es gibt je nach Absicht der Hexe, dem Gegenüber, an das sie sich wendet, der Traditionslinie, dem aktuellem Zeitpunkt und dem Ort unzählige Rituale. Die rituellen Handlungen finden oft in einem magischen Kreis statt, der die Hexe beschützt und die kosmische Energie in die Kreismitte lenkt, wo sie genutzt wird. Dabei werden Blüten, Pflanzen, Früchte, Samen, Steine, Tierknochen und andere natürliche Gegenstände eingesetzt.

Die Hexe nimmt diese Dinge nicht einfach von der Natur, sondern dankt ihr dafür und spendet ihr ein Opfer, indem z. B. etwas Wein auf den Erdboden gegossen wird, eine Pflanze, von der etwas gepflückt oder abgeschnitten wurde, gegossen und die Schnittstelle mit Balsam bestrichen und abgedeckt wird, ein krankes Tier gesund gepflegt oder der Natur positive Energie zurückgegeben wird. Durch das Opfer wird der Kreislauf von Geben und Nehmen wieder geschlossen, und die Natur bleibt im so dringend benötigten Gleichgewicht.

Sabbats und Esbats

Aber Hexen arbeiten nicht nur, sie feiern auch. Sie zelebrieren acht große Feste (Sabbats) im Lauf des Jahres: Imbolc (1. Februar), Beltane/Walpurgisnacht (1. Mai), Lugnasa (1. August), Samhain (1. November), Yule (21.–25. Dezember), Ostara (21. März), Litha (21. Juni) und Mabon (21. September).

Außerdem gibt es die Esbats, das sind Feste, die zu Vollmond, manchmal auch bei Neumond (auch Schwarzmond genannt), gefeiert werden und wobei die Energie des Mondes auf die Erde gezogen und magisch genutzt wird. Manche Hexen machen das zu Hause im stillen Kämmerlein, andere versammeln sich um ein Lagerfeuer, an dem sie gemeinsam singen, tanzen und Rituale abhalten.

Magische Arbeitstage

Während die acht großen Feiertage vor allem als Feste begangen werden, an denen man sich abwechselt und erholt, gelten die Esbats als magische Arbeitstage, an denen gern Rituale praktiziert werden. Allerdings sind auch Samhain und die heiligen zwölf

Nächte zwischen dem 25. Dezember und 6. Januar für rituelle Betätigung geeignet, da in diesen Nächten der Legende nach der Himmel weit geöffnet ist, sodass die Menschen leicht eine Verbindung zu seinen Göttern und Bewohnern herstellen, mit ihnen kommunizieren und zauberkräftig wirken können.

Utensilien

Die von Hexen bei ihrer Arbeit benutzte Palette an Werkzeugen ist reich und bunt. Sie umfasst u. a.:

magischer Spiegel, um Verborgenes wahrzunehmen
Kristallkugel, um in die Zukunft zu schauen
Zauberstab, um die magische Handlung zu dirigieren
Zauberschwert für die Lenkung von Energie und die Abwehr von bösen Mächten
Zauberbuch mit magischen Formeln, Ritualen und Rezepten
Pentagramm, um die Geister zu beschwören
Altarschale zur Zubereitung von Rezepten
Hexenkessel zum Brauen von zauberkräftigen Getränken
Salben und Kräuter zur Behandlung von Wunden und Krankheiten
Ritualkelch für Zeremonien, um Himmel und Erde miteinander zu verbinden
Zaubergefäße, um Reichtum, Gunst und Erfolg zu gewinnen
Räucherschale mit Räucherwerk, um einen angenehmen Duft zu erzeugen
Hexenlampe, um Licht ins Dunkel zu bringen
Kerzen für die natürliche, wohlig-anheimelnde Beleuchtung
Mondharfe zur Erfüllung von Wünschen
Traumfänger, um die flüchtigen Träume zu behalten
Pendel, um Antwort auf Ja-Nein-Fragen zu bekommen
Edelsteine zum Schutz, zur Behebung von Blockaden und zur Erhaltung der Gesundheit
Zaubersteine, um die magische Arbeit zu unterstützen
Amulette, die Glück bringen sollen

Damit und mit weiteren Instrumenten führt die Hexe ihre magische Arbeit aus. Meist werden die Werkzeuge auf einem mit einer schönen Decke geschmückten Altar oder in einem kunstvoll gearbeiteten Schrank aufbewahrt. Sie sollten vor neugierigen Blicken geschützt werden.

Eine Auswahl an Hexenutensilien.

Hexen in Medien, Wirtschaft und Politik

Wie lebt eine moderne Hexe, warum wählt sie ihren speziellen Weg, was möchte sie? Hexen nehmen aktiv am wirtschaftlichen Leben, an der Politik und am Kultur- und Medienbetrieb teil. Sie möchten sich in die moderne Gesellschaft einbringen und sie mitgestalten. Sie wollen kein ewig passives, alles duldendes Objekt mehr sein wie zu Zeiten der kirchlichen Inquisition, sondern die Wirklichkeit mitbestimmen. Die Hexe will zudem nicht nur sich selber dienen, sondern auch anderen helfen, z. B. der Gemeinschaft, in der sie lebt. Es ist für sie sehr wichtig, in einer gesunden, friedlichen Gesellschaft zu leben und die durch den Menschen verantwortungslos verursachte Gefahr von Krieg, Umweltzerstörung und Naturkatastrophen wirksam zu bannen.

Es gibt nur einen Weg

Ein beliebter hexerischer Wahlspruch ist: „Es gibt nur einen Weg, und der ist für jeden anders.“ oder auch „Tu, was du willst, so lange es niemandem schadet.“ In diesem Sinne sollten Hexen im 21. Jahrhundert leben und handeln.

Theoretisches

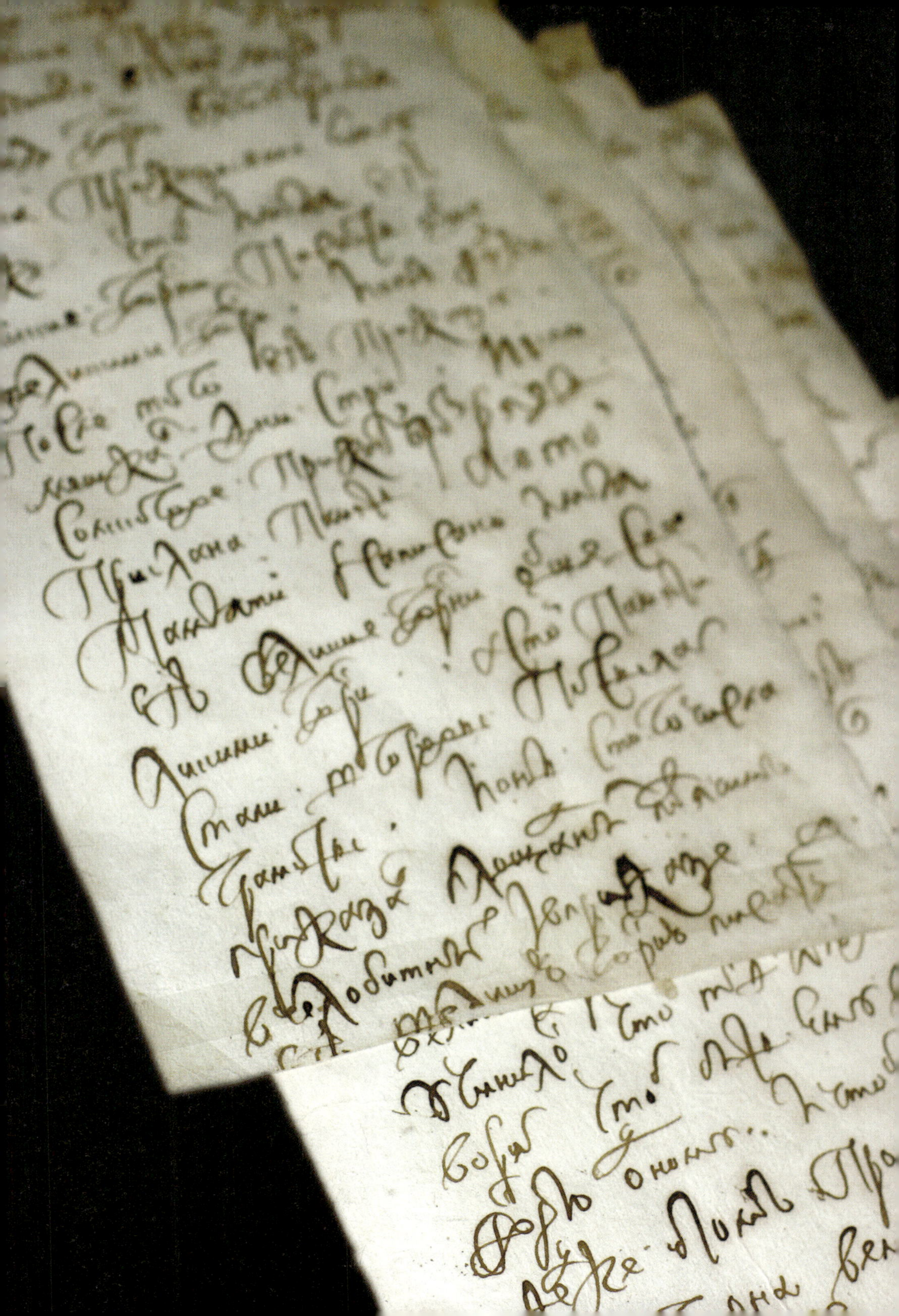

Definition: Was ist, hat und macht eine Hexe?

Die Fragen sind: Was ist eine Hexe, was ist ihr Antrieb? Was tut sie? Warum wird sie als Hexe wahrgenommen? Warum können einige Wesen zaubern und andere nicht? Was ist Zauberei?

Die Zauberdinge und -wesen, egal ob menschlich, göttlich, tierisch, pflanzlich und mineralisch, haben alle eines gemeinsam: Sie können zaubern, d. h. Dinge tun, die man nach menschlichem oder irdischem Maßstab normalerweise nicht tun kann. Dafür muss man keine alte Frau mit Warze auf der Nase und einem Buckel sein, wie es uns Legende, Märchenillustrationen und Fernsehen suggerieren.

Das Hexengefängnis von Bamberg, erbaut 1627 von Fürstbischof Fuchs von Dornheim. Hier wurden im Zeitalter der Hexenverfolgung Verhöre und Folterungen vorgenommen.

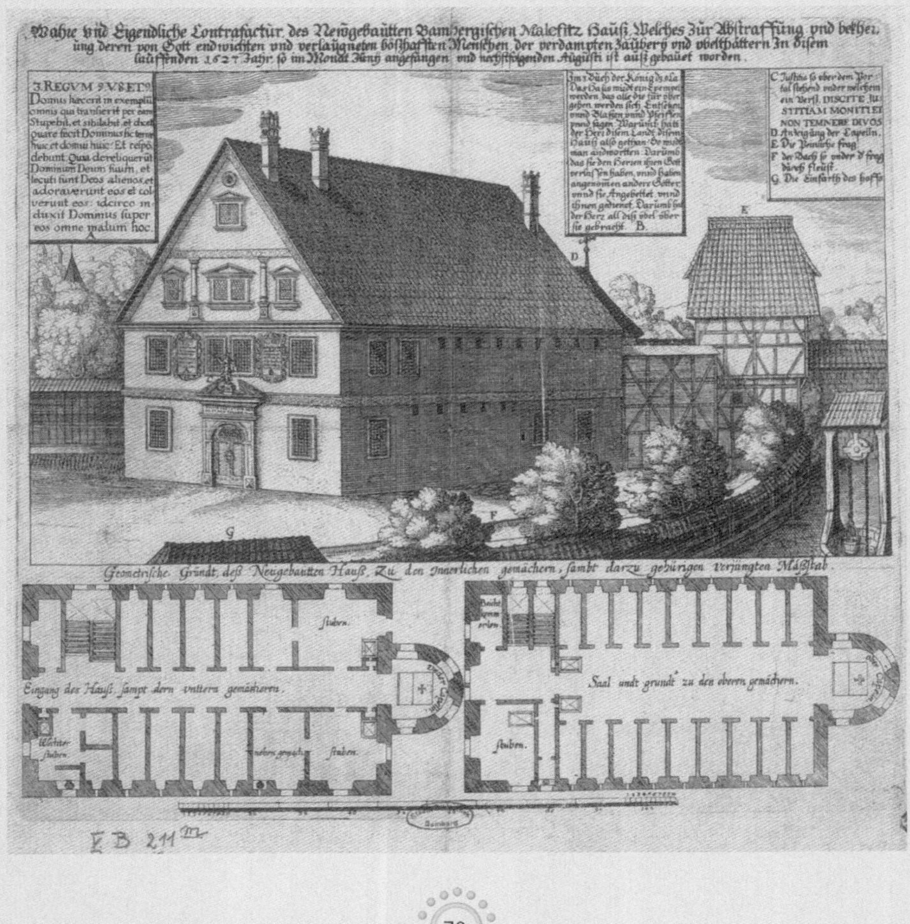

Es gibt drei Gründe, warum Hexen hässlich sind und was da hilft:

1. Mit dem Bild der abstoßenden Alten wird die innere Hässlichkeit böser Hexen ausgedrückt. Oft hat gerade das Böse ein schönes Äußeres, eine freundliche Stimme und große Verführungskraft, damit es blenden und so richtig zuschlagen kann. Deshalb ist es so tückisch. Genau davor soll das hässliche Bild der Hexe warnen, weil dem Bösen so viele Menschen in die Falle gingen und gehen. Die Baba Jaga erkennt und meidet jeder. Die Gefahr liegt hier: Hat nicht die schöne Loreley die Männer nach Hexenart im Fluss versenkt? Hat nicht Circe Odysseus bezaubert und seine Männer in Schweine verwandelt? Hat nicht die Sphinx Ödipus mit sinnlosen Fragen, falschen Argumenten und bösen Prophezeiungen verdorben? Sie hätte ihm ja auch helfen und etwas Positives wahrsagen können, was sich dann von selbst erfüllt. Gegen solche Hexen hilft nichts, da sie unveränderlich böse sind. Man kann sie sich nur vom Leib halten.

2. Im Alter wissen viele Frauen und Männer nicht, was sie tun sollen. Die Arbeitszeit ist zuende, die Kinder sind aus dem Haus, der Partner hat sich wegen einer Jüngeren getrennt, das Leben ist öde und geht dem Tod entgegen. Das verbittert viele alte Menschen, lässt sie gehässig werden und sie ihre Umgebung durch „Altersbosheit" tyrannisieren. Eine Lösung für die Situation, z. B. sich nun neuen Ufern zuzuwenden und alte, nicht gelebte Träume zu verwirklichen, erkennen sie nicht. Beispiele finden sich überall im Alltag. Da hilft nur geduldige Aufklärung, dass es einen Ausweg gibt, und Hilfestellung bei der Suche nach einer neuen, erfüllenden Betätigung.

3. Manche Menschen leiden unter ihrer zumeist eingebildeten Hässlichkeit, werden ständig gequält und finden nie einen Partner. Das lässt sie sich gegen ihre Mitmenschen wenden und ihnen den Dank für ihre böse Behandlung postwendend auszahlen. Diese Hexen sind praktisch von der Natur verzaubert, und man kann ihre Bosheit mit Liebe, Freundschaft und Geduld auflösen. Beispiele sind „Die Schöne und das Biest", „Der kleine Muck" und „König Drosselbart". Hier können unter der unschönen Schale wahre Schätze gefunden und gehoben werden.

Es ist also nicht das Äußere, was eine Hexe ausmacht, sondern das innere Wesen, das unter dem Äußeren in die Umwelt getragen wird. Da es in der Welt aber immer zwei Seiten gibt, gibt es neben den bösen auch gute Hexen, denn wo käme die Welt ohne das Gute hin?

Die Hexe, ob gut oder böse, realisiert das, was sie will. Sie muss nicht irrational sein, wie es oft behauptet wird, sie kann auch einen rationalen Charakter haben. Wichtig ist, dass ihr Wille seine Erfüllung findet. Dazu setzt sie sich ein, und dieser Einsatz heißt Hexerei, Zauberei oder Magie, die je nach bösem oder gutem Willen weiß, d. h. gut, oder schwarz, d. h. übel, ist. Man kann die Art der Hexe – weiß oder schwarz – an ihren Taten erkennen. Da nützt keine Verstellung, auch nicht die eines Doppelagenten, denn die Absicht ist auf Dauer nicht verbergbar.

Männliche Hexen?

Das Vorurteil, dass Hexen weiblich sein müssen, stimmt nicht, denn es gibt natürlich auch männliche Exemplare, Hexer, Zauberer oder Magier genannt. Auch sie können

Unten: „Die drei Hexen" von Johann Heinrich Füssli. Der Schweizer Maler porträtierte mit diesem Bild William Shakespeares Hexen aus „Macbeth".
Rechts: Hexenutensilien.

rational oder irrational, gut oder böse sein, denn ein Mensch, egal ob Mann oder Frau, kann trotz aller gängiger Klassifizierungen variable Eigenschaften haben: gut oder böse, männlich oder weiblich, rational oder emotional, jung oder alt usw. So ist es auch bei Hexen.

Man kann Hexen im Allgemeinen so einteilen:

Absicht	Meister	männliche Form	weibliche Form	neutrale Form
gut	Gott	weißer Hexer, Held	weiße Hexe, Heldin	Glücksbringer
neutral	Welt	Mann	Frau	Gegenstand
böse	Teufel	schwarzer Hexer	schwarze Hexe	Unheilbringer

Eine Hexe versucht, die Wirklichkeit zu beeinflussen und nach ihrem Willen und ihrer Vorstellung zu lenken. Sie gestaltet aktiv die Schöpfung, statt nur passiv an ihr teilzunehmen oder sie bloß zu genießen. Damit steht die Hexe zwischen dem normalen Menschen, der die Wirklichkeit einfach lebt, auf der einen Seite, und auf der anderen Seite Gott, der das Ganze sieht, achtet und entwickelt, oder aber dem Teufel, der Gottes Werk zerstören will. Sie erhebt sich durch Zauberpraxis über die Welt der unbewussten, innerlich untätigen, alles willenlos hinnehmenden Menschen, denn: Geschieht ein Unrecht, wehrt sie sich und ändert etwas. Wo andere nichts tun, tut sie etwas.

Mit ihrem Meister, Gott oder Teufel, ist die Hexe stets in Verbindung. Durch diese Mittlerstellung zwischen Gott und Mensch erscheint die Hexe mysteriös und geheimnisvoll. Dieser Eindruck wird noch verstärkt, weil die meisten Menschen Gott, den Teufel, die Welt und sich selbst gar nicht zu ergründen versuchen.

Das Hexenexperiment

Ein kleines Experiment zeigt das grundlegende Vorgehen einer Hexe: Wenn ich ein Stück Papier in den Papierkorb werfe und dabei denke: ‚Hoffentlich treffe ich nicht daneben!', geht es garantiert daneben. Denke ich: ‚Es geht direkt in die Mitte hinein!', treffe ich auch.

Das verdeutlicht, wie der Mensch sich durch sein Denken selbst beeinflussen kann. Wir machen das selten und unbewusst so, die Hexe wendet dieses Prinzip aber immer, bewusst und zielgerichtet an. Dadurch ist sie uns überlegen, denn sie kann das Ganze besser steuern.

„Saul und die Hexe von Endor" von Gustave Doré (1832–1883). Die Hexe von Endor kommt im 1. Buch Samuel der Bibel vor. Saul, der erste König Israels, führte einen aussichtslos erscheinenden Krieg gegen die Philister und suchte den Rat der Hexe. Dieser lautete, dass Saul sein Königreich an David und sein Leben in der Schlacht verlieren würde, was dann auch so geschah.

Ein erschröckliche geschicht/so zu Derneburg in der Graffschafft Reinsteyn/am Hartz gelegen/von dreyen Zauberin/vnnd zwayen Mañen/Jñ etlichen tagen des Monats Octobris Jm 1 5 5 5. Jare ergangen ist.

Die alte Schlang der Teüffel/dieweyl er Got/vnd zůuoran den Sun Gottes/vnsern Herrn Jesum Christum/vnd das gantze menschliche geschlecht/fürnemlich vmb vnsers Haylands Christi willen hasset/hat er sich bald im anfang/vnd kürtzlich nach der erschaffung vmb dz weibsbild/als vmb die/welcher same seinen kopff zertretten solt/angenomen/dieselbigen durch sein hinderlist vnd lugen/zů dem jämerlichen fal/deß vnglaubens vñ vngehorsams wider Got gebracht/Darauß das gantz menschlich geschlecht/in ewige verdamnuß vñ verderben komen were/so Christus vnser Hayland/den zorn des Vatters nicht weck genomen/vnd das gericht wider vns auffgehaben het. Nu behelt der alte Feind gleichwol alten haß wider Christum/vnd vns/für vñ für/vnd helt auch sein alte weyse/er setzet sonderlich dem weiblichen gschlecht hart zů/als dem schwecheren werckzeug/damit er sie von Christo wegreysse/vñ in ewige verdamnuß füre/vñ wie er zů Eua sprach/sie wurden werdē wie die Götter/Also bläßt er noch das gifft in der weyber hertzen/lernet sie zaubern/auff das er sie klůg mache/das sie mehr wissen dann andere leüt/vnd also den Göttern gleich werden/damit macht er sie jm anhengig/vnd zů Teüffels dienerin/ja auch zů Teuffels breüten/wie dise jämerliche geschicht/welche warhafftigklich also wie vnden angezaiget/am Hartz ergangen ist/Die derhalben also gemalet vñ geschriben/im druck auß gangen. Auff das doch die rohelose welt/zů Gottes forcht erwecket/vnd von dem Gottlosen wesen abgeschreckt werden/ Dann Gott der allmächtige derhalben solche Exempel vns sehen laßt/das er damit vnsere harten hertzen durch dise erschröckliche exempel / zur forcht Göttliches gerichts/vnd straffe erwecke/man mag es malen/predigen/singen vnd sagen/vñ wie man jmer kan den leüten einbilden/damit der laydige hauffe ein wenig zů Gottes forcht/gehorsam/vnd zucht gezogen werde/besonder zů disen letsten zeyten/in welchē der listige Sathan/dieweyl er mercket/das der tag des gerichts sich nahet/gar rassend toll vnd vnsinnig ist/vnd bede durch sich vnd seine gelider/ grewlicher weyse/wider Christum vnd sein armes heüfflein wüttet/Die ellende welt aber dargegē so frey sicher in allem můtwillen dahin lebet/als ob der Teüffel vor langst gestorben sey/vnd kain Got/kain gericht oder straff/verhanden were/Der Almächtig Got vnd vatter/vnsers Herrn Jesu Christi/wölle dem grimigen feinde wehren/sein armes heüfflein vor jm vnd seinen glidern schützen vnd handthaben/seinem vnd der seinen wütten vnd toben/einmal ein ende machen/durch Jesum Christum Amen.

¶ Folget die geschichte / so zů Derneburg in der Graffschafft Reynstein am Hartz gelegen/ergangen ist/ Jm October des 1 5 5 5. Jars.

Auff den Dinstag nach Michaelis/den ersten Octobris/seind zwů Zauberin gebrandt/die eine Gröbische/die ander Gißlersche genañt/ vñ hat die Gröbische bekandt/das sie Aylff jar mit dem Teüffel gebůlet habe/vñ wie man dieselben Gröbischen zů der Fewrstat gebracht/vnd an die saul mit Ketten geschlagen/vnd das Fewr angezündt/ist der bůle/der Sathan komen/vnd sie in lüfften sichtigklich vor yederman weck gefürt. Am Donerstag/nach dem die Gröbische vñ die Gißlerschin am Dinstag zůuor seind gerichtet worden/das ist den 3. Octobris/seind dise bede Frawen auff den abend in der Gißlersche hauß komen/vnd der Gißlerschen man zur thür hinauß gestossen/das er nider gefallen vnnd gestorben ist/welches ain Nachbaur gegen vber gehöret/vnd zů gelauffen ist/durch die thür gesehen/das zway weyber bede eytel fewrige/vmbs fewr gedantzet/der Gißlerschin man aber/lag vor der thür vnd war todt. Am Sonnabendt nach Dionisij/das ist der 12. Octobris/ist der Gröbischen mañ gerichtet worden/vmb der vrsach willē/das er bey seines weybs schwester geschlaffen hat/welche er zůuorn zum weybe gehabt/vñ darnach die Gröbischen genomen/Des Montags darnach/das ist der 14. Octobris ist ain weyb die Serckschen genandt/auch verbrandt worden/der vrsach/das sie des Herrn Achacius

Einblattdruck zu einer Hexenverbrennung in Derenburg (Grafschaft Regenstein), 1555

Wie zaubert die Hexe, wie schafft sie das Unmögliche? Es gibt mehrere Möglichkeiten:

Druck: Die Notwendigkeit, etwas sofort zu erledigen, lässt Hinderliches überwinden und scheinbar unerfüllbare Aufgaben tun. So versuchte neulich eine Krähe, eine Walnuss wegzuschaffen. Sie war zu groß und fiel ihr zum xten Mal aus dem Schnabel. Als ich mich näherte, packte sie plötzlich die Nuss, hob ab und flog davon. Auch Eile treibt zu Höchstleistungen an. Insofern ist Geschwindigkeit manchmal doch wenigstens ein bisschen Hexerei.

Gedankenkraft: Die Hexe denkt und stellt sich etwas vor, wie es sein soll. Sie weiß, dass der Gedanke durch Handeln zur materiellen Wirklichkeit wird und wirkt zielstrebig darauf hin. Durch Ausdauer, Disziplin und Glaube wird die Vorstellung in der Außenwelt manifest. Beispiele sind fleißige Arbeit und ausgeklügeltes Parasitentum, kollektiv wie individuell.

Ideale: Durch Ideale ist die Hexe mit der höheren Welt verbunden, denn die Ideale stammen von dort. Da beide übereinstimmen, wird die Hexe durch das Höhere unterstützt. Das zeigt sich im Beistand durch wichtige Personen und in scheinbar unerklärlichem Glück.

Nutzung vorhandener Zauberkraft: Hexen können auch zauberkundige Dinge und Wesen für ihre Zwecke nutzen. Beispiele sind Gebet, Hilferufe, Invokationen und Beschwörungen an die Zaubermächte, z. B. Erde, Geister und Sonne, dass sie den Willen der Hexe ausführen. Es können Naturkräfte, z. B. Dürre, Gewitter und Regen, herbeigerufen und genutzt werden.

Übertragung von Zauber: Gegenstände und Lebewesen sind Informationsträger. Sie können also mit einer Information aufgeladen werden, z. B. einem Befehl, einem Schadenszauber oder einer Segnung. Die Information entfaltet sich in ihrem Empfänger, der dann Pech oder Gutes erfährt oder eine fremde Anweisung ausführt. Diese Anweisung kann geheimnisvoll und unbewusst sein oder aber bewusst und unwiderstehlich – ein Zwang, eine Neurose oder Psychose. Man fühlt sich seltsam „daneben" oder verhext; dahinter stehen die gemarterten Voodoo-Puppen und verwünschten Geschenke oder aber die wohlmeinenden Unterstützungen und guten Talismane.

Manipulation: Um ihr Ziel zu erreichen, kann die Hexe die Dinge und Mitwesen manipulieren, indem sie deren Willen und Kräfte gegeneinander ausspielt, z. B. in Intrigen, Propaganda und Krieg. Dadurch sind die Mitmenschen abgelenkt, und die Hexe hat freie Bahn.

Wiederholung: Die Hexe wiederholt eine Anstrengung so oft, bis sie Erfolg hat. Diese Methode wirkt sehr bieder, aber wir sehen, dass sie erfolgreich ist, denn wie oft sind nicht schon Mächtige und Kluge genau in dem Moment gefallen, als sie sich sicher wähnten und locker ließen, sodass der hartnäckigere Schwache und Dumme den Sieg davontrug?

Es muss nicht immer Großes gehext werden, z. B. ein Auto oder eine Reise. Es lässt sich auch etwas Kleines, aber Wichtiges zaubern, z. B. ein paar entscheidende Stimmen für einen Wahlgewinn, eine förderliche, produktive Umgebung oder bestimmte Gedanken in den Köpfen, die zu ganz bestimmten Handlungen führen. Eine kleine Sache kann unglaublich viel verändern, weil auch sie ihre Umwelt mitbeeinflusst.

Welche Mittel nutzt die Hexe? Es gibt je nach ihrer Absicht sehr viele Möglichkeiten, beispielsweise:

- ***Alles, was den anderen durch schwarze Magie zerstört:*** Hass, Lähmung durch böse Absicht und böse Blicke, Beleidigung, Fangfragen, Lüge, Täuschung, Falschheit, Bluffs, Tricks, falsche Argumente, freche Gegenfragen, Vorwürfe, Verhöhnung, Demütigung, Zermürbung, Anschwärzung, Verleumdung, Rufmord, Verrat, Sabotage, Bestechung, Erpressung, Bedrohung, Einschüchterung, Missbrauch, Zerstörung, Gewalt.
- ***Alles, was den anderen mit weißer Magie aufbaut:*** Liebe, gute Absicht, Trost, Linderung von Schmerzen, Zuspruch, Aufrichtung, Ermutigung, Stärkung, Heilung, Zuwendung, Hilfe, Streicheln, Umsorgen, positive Mitarbeit, Abwehr schwarzmagischer Angriffe.

An den konstruktiven oder destruktiven Mitteln, die sie einsetzt, erkenne ich die Art der Hexe: gut oder böse.

Die Hexe als Zentralfigur wird von einer magischen Vierheit umgeben:

- **Ziele:** der zu verwirklichende Wille der Hexe,
- **Mittel:** die Mittel, die zum Erreichen des Ziels eingesetzt werden,
- **Partner:** die Helfer, welche die Hexe schützen und unterstützen,
- **Opfer:** diejenigen, die durch den Willen und die Taten der Hexe beeinträchtigt werden.

Eine gute Hexe zeigt sich durch gute Umstände, eine sinnvolle, konstruktive Entwicklung, Gerechtigkeit und Liebe. Die Anzeichen, dass eine böse Hexe wirkt, sieht man dagegen an Missständen und Ungleichgewichten, z. B. Unrecht, Armut, Dürre, Hunger, Hass, Neid, Gier, Arbeitslosigkeit, Krankheit, Depression, Aggression, Neurosen, Psychosen, Sinnleere, Gleichgültigkeit, Perspektivlosigkeit, Kriminalität, Gewalttätigkeit, Krieg, Diktatur, Inflation, Lüge, Hetze, Propaganda. Sie alle sind die Symptome des lähmenden Befalls durch eine böse Hexe.

Ein Hexendenkmal in Schottland, mit dem an die Zeit der Hexenverfolgung erinnert werden soll.

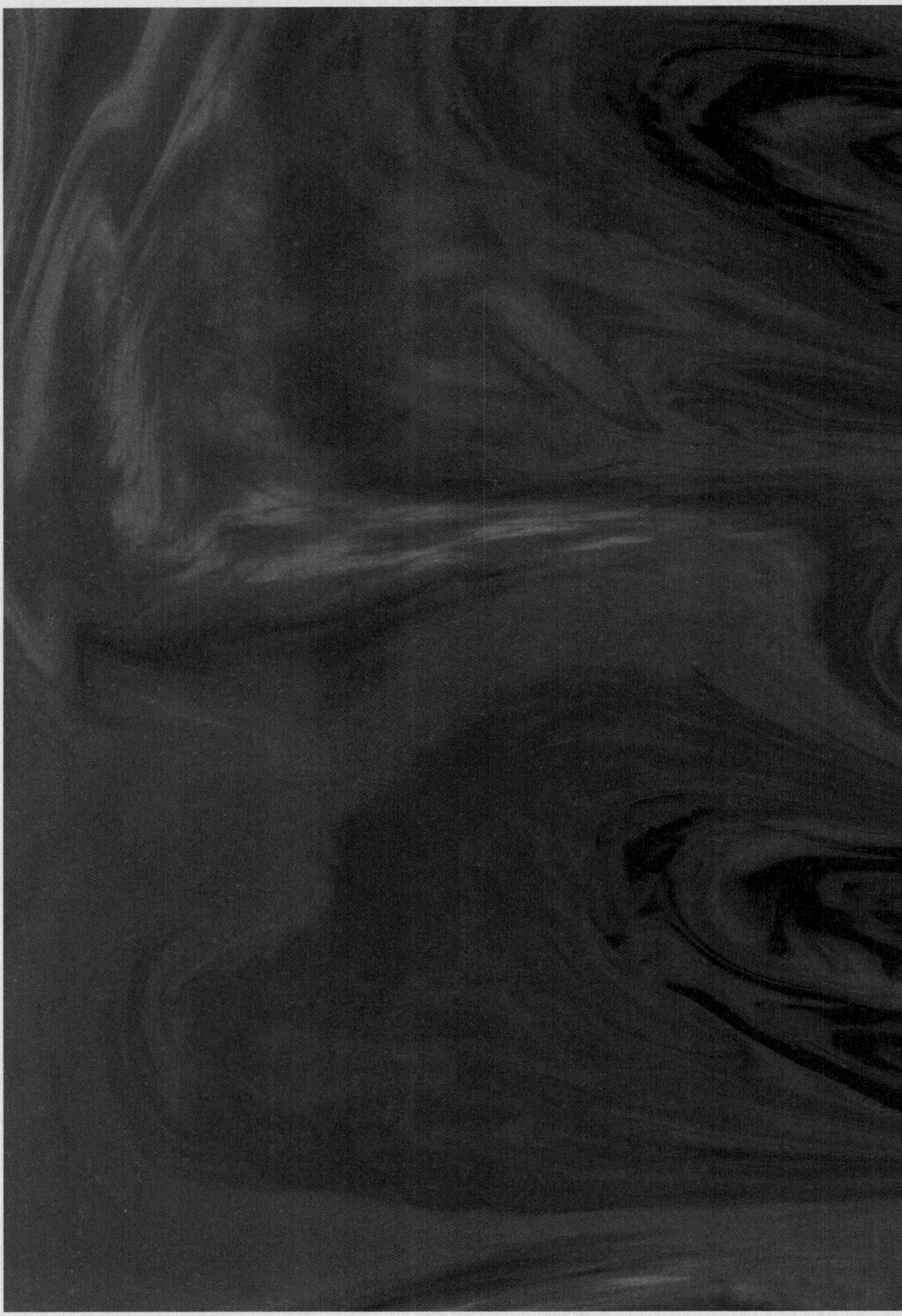

Wie aber sieht echte Hexerei aus? Sie zeigt sich z. B. in

- **Schamanismus:** Der Schamane begibt sich in die Geisterwelt und bekommt dort Wissen, das sonst verschlossenen ist und das er auf der Erde nutzen kann.
- **Placebo-Effekt:** Medikamente ohne den eigentlichen Wirkstoff erzielen den gleichen Heilerfolg wie die Medizin mit Wirkstoff. Das zeigt die Macht des Glaubens und der Gedanken
Schwache, Verfolgte und Bedrohte rufen mit den Psalmen des Salomon aus der Bibel Gott um Beistand in Not und misslichen Lagen an. Erfahrungsberichte teilen mit, dass es hilft. Die Gegner wurden außer Gefecht gesetzt. Natürlich funktioniert das nur, wenn das Opfer das tut, denn das ist ja der Sinn. Wölfen im Schafspelz und Heuchlern nützt das nichts. Die Suche der Alchemisten nach Weisheit, Naturerkenntnis, Heilung, Ganzheit und Erleuchtung brachte den Adepten höhere Einsichten und Kräfte.
- **Ausstrahlung:** Ein freundliches Wesen, ein netter Gruß, ein ehrliches Lächeln können Ärger und Probleme hinwegfegen und einen verdorbenen Tag retten. Manche Leute haben eine so starke Ausstrahlung, dass man blind ihren Willen ausführt oder man sich nach ihrer Rede nicht mehr erinnern kann, was sie eigentlich gesagt haben. Der bis heute andauernde Dogmatismus, Intoleranz, Verleumdungs- und Hetzkampagnen der Kirche waren und sind für Andersdenkende ein wahrer Hexenbann. Mahatma Gandhi etwa hat durch Gedankenkraft und friedliche Gegenwehr das mächtige britische Imperium ohne jede Gewalt aus seinem Land zurückgedrängt. Wissenschaft und Technik, Forschung und Entwicklung sind die Hexerei des weißen Mannes. Ihre Produkte beherrschen die ganze Welt, die bequem im Kino, in Solarien, vor dem Fernseher, am Computer, mit Elektroküchengeräten, Musikplayern und Handys relaxt.
- **Medizin:** Ärzte können durch negative Diagnosen krank machen und durch negative Prognosen die Selbstheilungskräfte des Patienten eindämmen. Konzernchefs und Bankiers sind Hexer, die mit Leitzinsen, Entwertungen und Wachstumsprognosen die ganze Welt nach ihrer Pfeife tanzen lassen.
- **Kampf der Weltanschauungen:** Anstatt friedlich zu koexistieren, greifen die Vertreter einiger Religionen Andersgläubige an und zerstören einfach deren Heimatländer.
- Die **Psychologie** fördert tiefere Erkenntnisse und verborgene Schätze zutage. Dadurch ermöglicht sie dem Anwender eine bewusstere und bessere Gestaltung der Wirklichkeit.

Wechselwirkung der Gegensätze: Durch die sinnvolle Wechselwirkung von Gegensätzen entstehen neue Welten. Beispiele sind die DNS, aus der ein neuer Mensch hervorgeht, oder Krieg und Frieden, zwischen denen sich unsere Gesellschaft bewegt und weiterentwickelt.

Böse Hexen

Werfen wir nun den Blick auf die Hexe in Aktion und fangen wir gleich mit der bösen Hexe an: Die böse Hexe verfährt nach dem Prinzip: „Alles gehört mir, euch aber gehört nichts, ihr gehört weg, und wenn ihr etwas beansprucht, werdet ihr dafür bestraft, denn das ist mein Reich!" Sie beansprucht allen Raum, alles Geld, alle Mittel, alle Liebe und alle Rechte für sich allein, lässt aber anderen gar nichts. Dadurch ist sie wie ein schwarzes Loch, das alles verschlingt. Um den Fuß in die Tür zu bekommen, erfindet sie Gründe, warum die Welt ihr allein gehört und nicht allen. Die böse Hexe lähmt den anderen und zerstört ihn. Sie zwingt allen ihren Willen auf und hypnotisiert sie mit bösen, vernichtenden Blicken, damit sie gleich schachmatt sind und sich nicht wehren können. Wer kennt nicht die Versuche mit Pflanzen, wo die, welche gute Worte und Blicke bekamen, gediehen, und die, welche Schimpfworte und böse Blicke abbekamen, bald eingingen? Böse Blicke können richtiggehend töten, und die Hexe weiß das und nutzt das als schreckliche Waffe. Sagen darf man ja nichts, denn dann heißt es gleich: „Sie sollten mal zum Psychiater gehen!"

Miese Tricks

Die böse Hexe hat noch einen miesen Trick auf Lager: Sie stellt sehr gern Forderungen, begleitet von Klagen, wie bedroht sie doch durch Herrn A oder Frau N sei und wie schlecht es ihr ginge. Darauf fallen die anderen in der Regel herein, da sie ihr helfen wollen, und richten sich umgehend gegen Herrn A und Frau N, ohne zu merken, dass da eine Verleumdung lief und man nun zwei Freunde weniger hat. In Wirklichkeit geht es der bösen Hexe am besten von allen, da sie von allen deren Bestes, nämlich deren Zeit, Besitz, Kraft und Energie, bekommt, die nunmehr ihr allein gehören. Sind die anderen so dumm, auf die Forderungen der Hexe einzugehen und deren Lügen zu glauben, haben sie verloren und verschwinden im schwarzen Loch des Hexenbanns.

Da alle Angst vor der Hexe haben, wird die Hexe immer größer, stärker und beherrschender und die eigene Welt immer kleiner, elender und trauriger. Im Märchen wird das sehr anschaulich durch bleiernen Schlaf, Gifte und Dürre ausgedrückt, die über dem Land liegen. Das uralte Schema ist gelaufen: Wieder einmal ist jemand auf die Hexe hereingefallen. Schließlich kann nur noch ein Held helfen, den Missstand zu lösen und die Hexe zu besiegen – wenn er es darf. Hätten wir weniger Angst, könnten

„The Beguiling of Merlin" von Edward Burne-Jones (1833–1898) stellt die Lady of the Lake, in der Geschichte zumeist als böse Zauberin bzw. Hexe porträtiert, bei der Verführung des guten Zauberers Merlin dar.

wir die Hexe gleich benennen, eingrenzen und entmachten, und es würde gar nicht erst so weit kommen, dass sie unsere Welt versklavt und zerstört! Wir wären selber viele kleine Helden und bräuchten keinen großen Helden von außen, der uns rettet. Aber die Leute sind leider zu dumm, feige und neidisch! Die Hexe weiß das und wird ihnen dabei helfen, indem sie der Welt all das verkauft, was sie so richtig kaputtmacht: Alkohol, Zigaretten, Drogen, schlechte Sitten und noch viel mehr. Und wir sind so dumm und bezahlen sogar noch unsere eigene Zerstörung! Kein Tier der Welt schafft das, nur der Mensch.

Böse Blicke und berechnendes Lächeln

Es gibt noch viele andere Methoden, wie die böse Hexe uns schädigt. Da sie aus Platzgründen nicht alle aufgezählt werden können, sei das Prinzip gezeigt: Mit einem bösen Blick oder einem berechnenden Lächeln getarnt will sie uns schaden. Die Absicht und das Ergebnis verraten sie. Wenn wir gut beobachten, erkennen wir die böse Hexe und den bösen Hexer sofort. Die bösen Hexen und Hexer verwenden nämlich jedes Mittel und jede Methode, denn um ihre Ziele zu erreichen, ist ihnen jedes Mittel recht. Der Zweck heiligt die Mittel, egal wie böse sie sind.

Ein Mittel liefern jedoch wir selbst der Hexe: Unsere Feigheit und Angst. Wir erinnern uns: Iwan hat die Hexe besiegt, weil er keine Angst vor ihr hatte! Weil er ein angstloser, ganzer, freier Mensch ist! Damit ist er ein gutes Vorbild für uns, und wir dürfen gern an ihn denken.

Zeitlose Hexen

Das Prinzip der Hexe ist zeitlos, und deshalb ist sie auch heute brandaktuell. Wir denken, dass wir in der „Moderne“, der „Demokratie“, und im „Fortschritt“ leben und es deshalb keine Hexen gibt, aber das ist ein für uns verhängnisvoller Irrtum, denn die Hexe kann durch unsere Leugnung umso besser herrschen und uns immer mehr die Luft abschnüren, weil wir es ja nun gar nicht mehr wahrnehmen und uns nicht dagegen wehren können!

Im „Lexikon der Symbole“ von Bauer, Dümotz und Golowin ist sehr eindrücklich beschrieben, dass die heutigen modernen Maschinen die früheren Instrumente der Hexe abgelöst haben: Die Hexenbesen wurden zu Autos und Flugzeugen, die alles sehenden und hörenden Kristallkugeln zu Fernsehern, Radios und Internet, die treuen, gewissenhaften Helferlein des Zauberers zu Robotern und Computern, die brodelnden Hexenküchen zu Universitätslabors und Apotheken, die Denkkolchosen für neue Zauberkünste zu Universitäten, die geehrten Zauberer und Magier zu Wissenschaftlern und Professoren, die anheischige Vermarktung der Zauberer zu Werbung, die Ablenkung von wichtigen magischen Geheimnissen hinter den Kulissen zu

Propaganda – und die magischen Schmiede unserer Zukunft verwandelten sich in unsere heutigen Regierungen! Das Alte ist da, nur immer neu.

Würden wir mit der Natur leben statt gegen sie, wären wir gesund, würden wir gesund empfinden und könnten sofort gegen die böse Hexe kämpfen und sie verjagen. Keiner würde etwas dagegen sagen, weil es das Normalste der Welt ist. Wir können es jedoch nicht, und zwar deshalb, weil wir uns so weit von Natur und Gesundheit entfernt haben, dass wir sie als anomal empfinden: Wir haben Angst, natürlich und gesund zu sein. Lieber ertragen wir lebenslänglich unseren Alptraum aus Missständen, Selbstmitleid, gewaltsamer, selbstzerstörerischer Verdrängung, Lieblosigkeit und Untätigkeit, anstatt das Gefängnis endlich aufzubrechen, etwas in uns und um uns zu verändern. Warum laufen wir Ufos hinterher, nach C. G. Jung an den Himmel projizierte Symbole der Ganzheit, statt die Ganzheit auf die Erde zu holen und zu leben? Wann werden wir die Angst los und sagen, was wir wollen? Wann beenden wir den Zwang unserer bösen Hexe, uns zu schaden, und machen etwas Sinnvolles?

Bis jetzt hat sich nichts geändert, weil wir uns selber nicht ändern wollen und lieber leugnen, dass es Hexen überhaupt gibt, damit wir einfach wie gehabt weitermachen können.

Gute Hexen

Die gute Hexe ist das ausgleichende Gegenstück zur bösen Hexe. Sie heilt die Wunden, die der Mensch der Natur und sich selbst geschlagen hat. Sie aktiviert das Erlahmte, löst das Verbitterte und baut das Zermürbte wieder auf. Sie schafft Gutes, schützt den Bedrohten und heilt das große Ganze, indem sie die durch die böse Hexe verursachten Verletzungen wieder wegzaubert: Sie zeigt Lösungen, Auswege und holt die verlorene Zukunft zurück. Sie nimmt dem Trinker die Flasche aus der Hand, packt die Drogen weg, stoppt die zum Schlag gegen den Wehrlosen erhobene Hand, schaltet den Fernseher aus und fragt: „Was habt ihr aus eurem Leben gemacht? Hattet ihr nicht einmal Träume? Was ist denn aus euren Träumen geworden? Warum erfüllt ihr sie nicht? Wenn es ein Problem gibt: Warum zerstört ihr aus Frust euch selber und eure Kinder? Warum geht ihr nicht zum Verantwortlichen und steigt diesem gehörig aufs Dach?"

Die gute Hexe weiß, dass sich böse Hexe und Hexer nicht ändern. Sie arbeitet deshalb mit der Kraft der Gedanken, weil sie weiß, dass der Mensch über die Gedanken die Wirklichkeit steuert. Sie bringt dem Menschen bei, wie das geht, und erklärt ihm die Fakten und Zusammenhänge, damit er sich schützen und wehren kann. Sie eröffnet ihm die Schönheit, Harmonie und Intelligenz der Natur, Reiche der Liebe und den Sinn des Universums. Das ist keine Aufklärung zum Schaden, sondern zum Nutzen des Menschen und zeigt, dass es auch anders geht als nur böse.

Eine Federzeichnung von Hans Franck (ca. 1485–1522), „Hexen“, Kupferstichkabinett Berlin

Die gute Hexe verwendet keine bösen, sondern allein gute, aufbauende Mittel, da sie weiß, dass die Mittel das Wesen ihres Nutzers widerspiegeln. Sie weiß, dass nicht der Zweck die Mittel heiligt, sondern der Nutzer langsam, aber sicher so wird wie seine Mittel.

Der Held im Märchen und in der Wirklichkeit entreißt der Hexe ihre Macht über die Welt, da sie eben nicht nur der Hexe gehört und es noch andere Wesen außer der Hexe gibt, die ebenso ein Recht auf die Welt haben. Dieses Recht verwirklicht der Held. Er bricht den Bann und die Macht der bösen Hexe und befreit so die in ihrer Umklammerung befindlichen Opfer.

Warum das Wissen um Hexen so wichtig ist

Egal, wie unsere Gesellschaftssysteme heißen, egal, wo wir leben und welches Jahr wir schreiben – wir leben alle in einem Märchen, in dem uns die Hexe samt Hexer bedroht und uns verschlingen oder zerstören will, denn aus einem unerfindlichen Grund ist das neben dem Guten auch ein Teil der Wirklichkeit. Deshalb ist das Wissen um die Hexen so wichtig und notwendig, da wir uns nur so aus der Macht von Hexe und Hexer befreien und ganz bleiben können.

Es bleibt uns also gar nicht anderes übrig, als uns ehrlich mit der Hexe auseinanderzusetzen. Aus den hexerischen Teufelskreisläufen müssen wir ausbrechen, wenn wir überleben wollen. Unsere Zukunft hängt davon ab, ob wir endlich ehrlich sind, der Hexe mutig Einhalt gebieten und die Missstände auf dieser Welt aktiv ändern. Denn außer uns kann das niemand tun, und ein Held von außerhalb kann uns auch nicht mehr helfen, da wir es lernen müssen, selbst aufzustehen und selbst unsere Umwelt zu gestalten. Der Held gab uns die Schuhe, zeigte uns die Lösung, wir müssen in den Schuhen laufen lernen und die Lösung anwenden. Da kein anderer – kein Politiker, kein Bankier, kein Unternehmer, kein Wissenschaftler – für uns lebt, müssen wir es endlich lernen, unser Schicksal selbst in die Hand zu nehmen und unsere Wirklichkeit selbst zu gestalten.

Anna Vögtli aus Bischoffingen (Breisgau) wurde 1447 vor den Mauern von Willisau als Hexe verbrannt, nachdem sie angeblich geweihte Hostien entwendet haben soll. Luzerner Bilderchronik von Diepold Schilling, 1513.

Das Gut-Böse-Problem

Tu, was du willst: Hexen und die Frage nach Gut und Böse

Was ist überhaupt „gut“ und „böse“? Die meisten Menschen nennen sich von der Urzeit bis heute selbst „gut“ und die anderen „böse“. Das ist seltsam und muss eine tiefere Ursache haben. Auch Gott wird als „gut“ bezeichnet, der Teufel dagegen als „böse“, d. h. es gibt ein gutes und ein böses Prinzip, und keiner will zugeben, dass er böse ist. Also wird sich jeder als gut bezeichnen. Ob er das aber wirklich ist, lässt sich allein an seinen Taten feststellen.

Das große Ganze und der Kampf zwischen Gut und Böse

Oft wird „gut“ und „böse“ nur in Bezug auf den persönlichen Bereich benutzt. Es gibt jedoch vom kleinen persönlichen über das kollektive Gebiet bis zum allumfassenden Ganzen das Prinzip des Guten und des Bösen. Da ich aus dem großen Ganzen komme, kann ich nur leben, wenn das große Ganze auch lebt und wenn es ihm gut geht. Also muss ich gut sein und mich für das Gute einsetzen. Setze ich mich für das Böse ein, zerstöre ich das große Ganze und damit mich selbst. Manchen ist aber ihr Ego so wichtig, dass sie dafür das große Ganze direkt bekämpfen. Dabei gefährden sie bewusst ihre Mitmenschen, was sie jedoch gar nicht interessiert. Das Böse ist also nicht Gott, sondern sein Gegner. Da das Böse das Gute und das große Ganze grundlos zerstört, geht das Gut-Böse-Thema jeden an.

Der Kampf zwischen Gut und Böse wird auf beiden Seiten von Hexen geführt, weil die normalen Leute ihn gar nicht mitbekommen und ihn nicht kämpfen wollen. Gute und böse Hexen dagegen fechten den Kampf aus, denn sie sind wesentliche Elemente in der ewigen Auseinandersetzung zwischen Gut und Böse, in der die menschliche Wirklichkeit geschmiedet wird. Die guten Hexen ertragen nicht, dass das Böse das Gute zerstören will und verwahren sich dagegen.

Der Magier Aleister Crowley sagte „Tu, was du willst!“ und ließ die Menschen damit allein. Oft genug wurde dieser Rat missbraucht und hat überall eine macchiavellistische Haltung, Ich-Kult und Du-Hass erzeugt, durch die alles immer mehr aus dem Ruder läuft. Dabei wurde jedoch ein wichtiges Detail übersehen, nämlich dass das Zusammenspiel von Gut und Böse kein selbstherrliches, unüberlegtes Durcheinander ist, sondern durch die Ethik geregelt wird. Ohne diese Ethik wäre die Geschichte nicht einmal bis zum Atom gelangt.

Eines der vielen Hexenalphabete aus Runen.

Die Spielregeln sind:

- Das Gute baut auf, tröstet, stärkt, hilft und ermöglicht eine lebenswerte Welt. Das Böse greift das Gute an und versucht, es zu zerstören. Das Böse wendet böse Mittel an, z. B. Lüge, Gewalt, Verleumdung und Ausnutzung.
- Das Gute darf nie andere zuerst angreifen, egal wie böse sie sind. Es darf sich nur verteidigen, damit der Bereich des Bösen nicht vergrößert und der des Guten nicht verkleinert wird.
- Das Gute hat nicht nur das Recht, sondern die Pflicht, das angreifende Böse abzuwehren, damit das Gleichgewicht zwischen Gut und Böse gewahrt bleibt und das große Ganze bestehen kann. Denn welcher Gott will schon eine rein böse Welt? Dann lieber eine gute!
- Das Gute darf abgesehen von seiner Selbstverteidigung nur mit guten Mitteln arbeiten, damit es gut bleibt. Es darf nicht die Mittel des Bösen anwenden, da es sonst auch verdirbt.
- Das Gute muss den Mut haben und die böse Hexe sofort, wenn sie auftritt, beim Namen nennen, damit sie gar nicht erst weiter Macht gewinnt und nicht immer stärker wird.
- Das Böse kann nichts gegen den Willen des Guten tun, ohne dafür bestraft zu werden. Auch die Strategie des Bösen, den Willen des Guten zu lähmen und das wehrlose Opfer nach Strich und Faden auszunutzen und zu zerstören, wird früher oder später geahndet.

Ein stabiles Gleichgewicht

Durch diese Regeln wird ein stabiles Gleichgewicht zwischen Gut und Böse geschaffen. Gut und Böse sind allgemein dazu da, damit das große Ganze wirken kann. Ihr Sinn hier auf der Erde ist, dass beide voneinander lernen und in der Wechselwirkung miteinander die Wirklichkeit gestalten und weiterentwickeln. Die ganze Schöpfung und Evolution beruht auf dem Wechselspiel von Gut und Böse. Ohne Gegensätze wäre das nicht möglich. Deshalb haben beide, Gut und Böse, ihre Berechtigung und Freiräume, aber eben auch ihre klaren Grenzen.

Es gibt diese Formen von Gut und Böse:

- unwandelbar Gutes,
- Gutes, das sich verderben lässt, indem es vom Bösen in Böses umgewandelt wird,
- Böses, das sich veredelt, indem es vom Guten in Gutes gewandelt wird, unveränderlich Böses.

Hexen/Waldenser verehren einen Ziegenbock (Hexensabbat), Miniatur aus: Du Crisme de Vauderye, 1460

Es gibt einen rein guten, einen rein bösen und einen veränderlichen, gemischten Teil, der zwischen Gut und Böse liegt, dort, wo die beiden interagieren und eine neue Welt aufbauen. Er schwankt zwischen Gut und Böse hin und her, je nachdem, wie es die Situation und das Gegenüber erfordern. Alle drei Teile sind wichtig – der gute, weil er Notwendiges aufbaut und heilt, der böse, weil er Überholtes abbaut und vernichtet, und der gemischte, weil Gut und Böse durch ihn schöpferisch zusammenwirken und das Bestehende in immer neue Ideen und Formen verwandeln. Alle drei Teile sind im Menschen und in der Umwelt enthalten. Es kommt aber darauf an, wie sie eingesetzt werden: zum Schaden oder zum Wohl des großen Ganzen.

Die Lösung des Gut-Böse-Problems

Keine Freundlichkeiten, Geschenke, Geld, Sonderrechte, Ausbildungen, Umschulungen oder Dialoge werden helfen, den Neid und Hass des Bösen auf das Gute zu stoppen oder seine Gier zu dämpfen. Im Gegenteil, die Gier wird mit den Geschenken noch größer und die Mittel werden nur genutzt, um das Gute zu zerstören. Wir sehen das in bösen Blicken, ungünstiger Absicht, fruchtlosen Dialogen, Hetzkampagnen und Krieg gegen das Gute, parasitären Parallelgesellschaften, schamlosester Ausnutzung des Guten und in einer zerstörten Wirtsgesellschaft. Obwohl das Gute dem Bösen alles gibt, wird noch mehr gefordert, obwohl es ihm dient, wird es beleidigt, geschlagen und unterwandert. Weil das Gute so dumm ist und dem Bösen Waffen verkauft, wird es angegriffen. Das Böse wird erst zufrieden sein, wenn sich das Gute in der ihm aufgezwungenen Hinschenkung an das Böse ganz zerstört hat, sprich, wenn das Gute sich naiv der bösen Hexe geopfert hat. Alle Versöhnungsversuche des Guten helfen gar nichts, denn das Böse bekämpft das Gute weiter. Deshalb ist das Problem so schwer zu lösen.

Man kann deshalb nur das Beste daraus machen, d. h. das Gute hat die Aufgabe

- das Böse zu stoppen, sich der bösen Hexe entgegenzustellen,
- sich zu schützen und zu verteidigen,
- sich selbst treu zu bleiben, sein Wesen zu wahren, gut, edel und konstruktiv zu bleiben und
- nicht der bösen Hexe, sondern dem großen Ganzen zu dienen.

Die Magie der Wirklichkeit

Für seinen Dienst am Bösen und seine Selbstopferung an die böse Hexe bekommt das Gute den Lohn des Bösen: Krieg und Vernichtung. Wir erinnern uns an Winston Churchills Satz: „Ein Feigling ist der, der das Krokodil füttert, in der Hoffnung, dass es ihn zuletzt frisst.“ Deshalb ist das Gute gut beraten, wenn es nicht die Bösen, Ausnutzer, Lügner und Aggressoren stärkt und fördert, die es, sobald sie groß geworden sind, auffressen, sondern wenn es dem Guten dient, nämlich dem gerechten Gott, einer intakten Natur und Umwelt, den Friedlichen, Konstruktiven und wirklich Notleidenden. Das Gute darf das Werk der bösen Hexe stoppen und den Raum des Guten schützen und verteidigen. Denn was zerstört wird, rächt sich, und was geliebt wird, wächst. Das ist die Magie der Wirklichkeit.

Hexenflug der „Vaudoises“ auf dem Besen, Miniatur in einer Handschrift von Martin Le France, Le champion des dames, 1451

Unsere Zukunft: die Synthese der Neuzeit

Wir haben zwei Extreme der Hexen: zum einen die emotionalen bösen Hexer und Hexen, die über Hass, Neid, Gier und Macht funktionieren und den Menschen zerstören, und zum anderen die rationalen bösen Hexen und Hexer, die nur dem Gewinn folgen und sowohl Mensch als auch Umwelt zerstören. Die emotionalen, vernunftlosen bösen Hexen sind das Bindeglied zum Raubtier. Die rationalen, gefühllosen bösen Hexen sind das Bindeglied zum Roboter. Wir selbst stehen mit Vernunft und Gefühl mittendrin in ihrem Spannungsfeld. Weil wir uns nicht gegen diese Extreme wehren, werden wir immer mehr von ihnen zermahlen. Statt über unser Leben bestimmen zu können, müssen wir für die böse Hexe arbeiten, die uns mit Geld in eine selbstzerstörerische Arbeit lockt. Immer mehr Menschen wenden sich mit ihrem Ego gegen Gott und geben ihm die Schuld, statt den wirklichen Schuldigen aufzusuchen.

Wie oft wurde schon versucht, das Böse durch Güte, Psychotherapie, Meditation, Geld und anderes zu besänftigen. Es geht nicht, da das Böse ein Prinzip ist, und Prinzipien unsterblich sind. Was da ist, ist immer da und kann nicht zu nichts werden. Das wäre genauso, als wolle man den Inhalt „Stuhl“ zu „nichts“ verwandeln – es geht nicht, weil die beiden verschieden sind. 3 ist nun mal nicht 4, egal, welche Tricks und Hexerei man anwendet.

Wir sehen ja, welch großen Widerstand die Kirche mit ihrer Dreifaltigkeitslehre leistet, wenn man ihr erzählt, dass das Christentum ursprünglich eine Vierheit verehrte. Das Böse kann auch nicht in einen anderen Inhalt transformiert werden. Die Dinge sind da, und sie müssen miteinander auskommen. Es gibt also nur eine Möglichkeit: das Böse mit etwas zu verbinden, wodurch es entschärft wird.

Das ist so, als ob man zwei verschiedene Atome zu einem Molekül verbindet oder einen Schlüssel in ein Schlüsselloch steckt. Indem der eine Teil, der eine Gegensatz an den anderen andockt, wird er gebunden und verschmilzt mit dem anderen zu einer neuen Einheit, welche die Tür zu einer neuen Welt öffnet. Er muss sich dafür nicht selbst aufgeben, sondern kann seine Individualität behalten. Sie wird nur für andere Zwecke eingesetzt – nicht mehr für sich selbst, sondern für das große Ganze. Das ist das Opfer, das man bringen muss, um aus dem Krieg in die Menschlichkeit, aus der Vergangenheit in die Zukunft, aus der Nacht in den Tag zu gelangen. Das Opfer wird also nicht mehr an die böse Hexe gebracht, sondern an die Natur und das große Ganze. Diese Synthese besteht auch unserer Gesellschaft und dem einzelnen Menschen bevor, weil wir nur so zu unserer Zukunft kommen. Sie ist unsere Zukunft.

Praktisches

Viele Hexen praktizieren Tarot. Diese Art der Weissagung ist seit Jahrhunderten bekannt, um einen Blick in die Zukunft zu werfen.

Das kleine Hexenalphabet

Hier zunächst einige Begriffe, denen man immer wieder begegnet, wenn man sich mit der Hexenpraxis beschäftigt. Diese Liste erhebt keinen Anspruch auf Vollständigkeit – das würde den Rahmen dieses Buches sprengen.

A wie Anderswelt
Bezeichnung für alles jenseits unserer physisch existenten Welt. Wohnsitz der Götter/Gottheiten, Geister, Toten usw. Hexen bereisen die mythischen Jenseitswelten in bewussten Träumen und Trancereisen.

B wie Besen
In der Zeit der Hexenverfolgung nahm man an, dass Hexen sich auf fliegenden Besen fortbewegen würden. Dieses bewerkstelligten sie angeblich, indem sie entweder sich selbst oder den Besen mit einer magischen Salbe einrieben. Auf dem Besen flogen sie dann zu ihren Treffen mit dem Teufel. In Märchen und Sagen hält sich die Gestalt der auf dem Besen reitenden Hexe bis heute.

C wie Coven
Ein Zusammenschluss von Hexen, auch Hexenzirkel genannt.

D wie Drudenfuß
Anderer Begriff für Pentagramm, siehe dort.

E wie Externsteine
13 frei stehende Sandsteinfelsen im Teutoburger Wald. Der höchste ist 38 m hoch. Die Externsteine werden seit Jahrtausenden von Hexenkulten aller Art genutzt.

G wie Grimoire
Eine Grimoire ist eine Art Hexentagebuch. Hier vermerkt die Hexe ihre Rituale, Sprüche und Rezepte. Es ist ein geheimes Buch, auch „Buch der Schatten“ genannt, weshalb Grimoires oftmals in Geheimschriften oder Codes verfasst wurden und werden.

H wie Hexenhammer (lat. Malleus Maleficarum)
Vom Dominikaner Heinrich Kramer (lat. Henricus Institor) 1486 in Speyer

Ein Drudenfuß oder Pentagramm, das alte Schutzzeichen gegen das Böse.

verfasstes Handbuch über Hexen und Zauberwesen, das erstmals klare Regeln aufstellte. Bis ins 17. Jahrhundert erschien es in 29 Auflagen. Der Hexenhammer ermöglichte den Inquisitoren eine systematische Verfolgung und Vernichtung angeblicher Hexen.

K wie Kessel
Meist gusseiserner Behälter, in dem die Hexe Tränke, Salben usw. zubereitet.

L wie Levitation
Bezeichnung für ein parapsychologisches Phänomen, bei dem Menschen und Gegenstände schweben.

M wie Magie
Allgemein ausgedrückt ist die Magie die Beeinflussung der materiellen Welt und des Bewusstseins anderer durch übernatürliche Kräfte.

N wie Nekromantie
Vorhersage der Zukunft mit Hilfe von Geistern Verstorbener, auch Totenbeschwörung genannt.

O wie Okkultismus
Dieser Begriff stammt vom lateinischenoccultus = verborgen, geheim. Okkultismus bezeichnet das Studium des Geheimen oder Verborgenen, etwa durch Tarot, Pendeln, Kontakt mit Geistern, Telepathie, Telekinese, Parapsychologie usw.

P wie Pentagramm
Auch Fünfstern genannt, symbolisiert der fünfeckige Stern ein altes Schutzzeichen gegen das Böse. Ein Pentagramm auf der Türschwelle sollte früher böse Geister am Eindringen hindern. Der Drudenfuß ist eine Form des Pentagramms, bei der die Spitze eines Dreiecks nach unten zeigt.

R wie Ragana
Ragana bezeichnet die Hexe in Litauen und Lettland. Die russische Entsprechung ist Baba Jaga.

S wie Sabbat
Acht Hauptjahreszeitenfeste, die bestimmt werden durch die Sonnenwenden und Tagundnachgleichen: Imbolc (1. Februar), Beltane/Walpurgisnacht (1. Mai), Lugnasa (1. August), Samhain (1. November), Yule (21.–25. Dezember), Ostara (21. März), Litha (21. Juni), Mabon (21. September).

T wie Traum
Hexen nutzen Träume nicht nur zur Verarbeitung der Ereignisse des Tages, sondern auch für Reisen in die Anderswelt. Das so genannte luzide Träumen ermöglicht die Beeinflussung des eigenen Traums.

V wie Voodoo

Die afrikanisch-christliche Volksreligion in Haiti, Südamerika und der Karibik. Auch im Süden der Vereinigten Staaten gibt es zunehmend Gruppen von Voodoo-Anhängern. Im Voodoo gibt es magische Techniken (obeah), mit denen Ziele erreicht werden sollen. Dem Kult liegt eine komplizierte Theologie und ein komplexes metaphysisches System von Erklärungen zum Menschen und der Welt zugrunde, das nur die Priester nach ihrer langen Ausbildung in seiner Gänze kennen.

So könnte eine Grimoire mit Sprüchen, Ritualen und Rezepten aussehen.

ZODIAC

W wie Wicca

Moderne Hexen bezeichnen sich zumeist als Wiccas. Der Begriff stammt aus dem Angelsächsischen und bezeichnete Wahrsager. Das englische Wort „witch" = Hexe leitet sich davon ab. Nur in den USA ist Wicca seit 1994 als offizielle Religion staatlich anerkannt.
Es gibt verschiedene Teilbereiche der Wiccas, zumeist schließen sich einige Wiccas in einem Coven zusammen, aber auch allein arbeitende Hexen nennen sich Wiccas.
Wicca versteht sich als eine ausgesprochen tolerante Glaubensrichtung und belebt vorchristliche heidnische Religionen wieder, z. B. den germanischen alten Götterglauben, die religiöse Tradition der Kelten, die römische vorchristliche Religion und slawische Glaubensansichten. Diese sind im Christentum durch Dogmatismus, Inquisition und Hexenverfolgung untergegangen und werden von den Wiccas heute als kostbare, wichtige Religionen wiederbelebt und weiterentwickelt. Es werden daneben aber auch Elemente aus zeitgenössischen, ungebrochenen Glaubensrichtungen in die Lehren der Wiccas aufgenommen. Die bekanntesten sind das afrikanisch-haitianische Voodoo, indianische Religionen, die Traumzeitwelt der Aborigines und die Sanguma-Magie der Ureinwohner Papua-Neuguineas. Aus dieser Vielfalt von Glaubensüberlieferungen, die gar nicht in eine einzige Lehre passen, bildete sich eine Vielzahl an Neureligonen und deren Strömungen bei den Wiccas heraus. Diese werden unter dem Begriff „Heidentum" oder „Paganismus" zusammengefasst.
Die Wiccas setzen sich ein für eine naturverbundene, gesunde Lebensform in einer technisiert-industrialisierten Umwelt, für Schutz und Erhaltung der Natur, für Achtung und Toleranz gegenüber den Mitlebewesen und anderen Religionen. Sie praktizieren direkten Kontakt und Austausch mit der Natur, deren Wirkkräfte als Göttinnen und Götter aufgefasst und angerufen werden. Diese Götterwelt untersteht einem höchsten Gott. Sie ist die Natur selbst, und man kann mit ihr kommunizieren, sich bei ihr Rat suchen, Hilfe und Beistand holen, Krankheiten heilen oder Liebeskummer lindern lassen.
Wiccas legen Wert auf ein direktes, persönliches Erleben ihrer Religion und lehnen jeden Dogmatismus ab. Der Priesterstand oder die Führung durch Gurus wird abgelehnt, weil jeder selbst seinen individuellen Weg zu Gott finden soll und jeder selbst suchen und die vielen Fragen des Lebens beantworten darf. Dadurch werden Neugier und individuelle Selbstständigkeit gefördert.

Ein Sammelsurium zauberkräftiger Gegenstände und magischer Bücher.

Utensilien, die man für gewöhnlich mit Voodoo in Verbindung bringt. Die Realität ist jedoch von diesen Klischees weit entfernt und viel komplexer.

Für Wiccas sind Gott und Natur, Himmel und Erde nicht getrennt und voneinander unerreichbar weit entfernt, sondern sie durchdringen einander und bilden eine Einheit, in der Gott in der Natur einwohnt und der Himmel parallel zur Erde als weitere Seinsebene existiert. Gott und Himmel stehen nicht über Natur und Erde oder ihnen gegenüber und dominieren sie auch nicht, sondern sind ihre gleichwertigen und gleichrangigen Partner und Gefährten. Auch Gott und die Schöpfung sind eines: Gott lebt in der Schöpfung, und die Schöpfung wiederum ist Gott.

Es gibt zwei Prinzipien – ein weibliches, passives, lunares und ein männliches, aktives, solares, die als zahlreiche Göttinnen und Götter erscheinen und jeweils einer Hauptgottheit – Göttin und Gott – unterstehen. In der Vereinigung und dem Zusammenwirken von Gott und Göttin, die sich wie Liebende in den Armen liegen und miteinander spielen, entsteht und entwickelt sich die Welt und die Wirklichkeit. Wiccas nehmen Kontakt mit

den Göttinnen und Göttern und mit Gott und Göttin auf und greifen so aktiv gestaltend ins Weltgeschehen ein. Eine Wicca verwendet dazu eine Vielzahl von verschiedenen Ritualen, die auf die gewünschte Gottheit abgestimmt ist und durch Anrufung, Flehen und Beschwörung die Verbindung mit ihr herstellt.

Wer Lust hat, sich mit Wiccas bekanntzumachen oder sich ihnen anzuschließen, kann sich an diese Gemeinschaften wenden:

Rabenclan - Verein zur Weiterentwicklung heidnischer Traditionen e.V.
www.rabenclan.de
c/o Berna Kühne-Spicer
Lieselotte-Berger-Straße 54
12355 Berlin

Pagan-Federation Int.
www.paganfederation.org
Individuelle Kontaktadressen für Deutschland, Österreich und die Schweiz auf der Website.

Clan vom Steinhain – naturreligiöse Gemeinschaft
www.steinhain.de
Oberer Markt 15
92281 Königstein

KultURgeister – Dachverband der traditionellen Naturreligionen in Deutschland e.V.
www.kulturgeister.de
Ludwig-Landmann-Str. 126
60488 Frankfurt/Main

Orden vom Steinberg – keltisch-germanische Religionsgemeinschaft e.V.i.G.
www.clochsliaph.de

Pagan Federation D.A.C.H. – heidnisches Kontaktnetzwerk
www.pagan-federation.de
Infos über das Magazin unter www.dach-schaden.pf-dach.com

Eldaring e.V. – Informationsangebot zum Thema Asatru
www.eldaring.de
Kontaktdaten für Deutschland, Österreich und die Schweiz auf der Website

Seelengemeinschaft – Netzwerk für neopaganistische, magische Individuen und interreligiösen Austausch
www.seelengemeinschaft.de
c/o Frank Kröner
Leuschnerstraße 14
33161 Hövelhof

Allgemeine Infos zu Wicca auch unter http://de.wikipedia.org/wiki/Wicca.

Die Hexenheilkunde

Die Hexe kennt viele Mittel, um entweder zu schaden oder um zu heilen. Dabei setzt sie Tänze, Gesang, Musik, Sprüche, Farben, Zeichen, Bilder, Mandalas, Karten, Düfte, Öle, geheimnisvolle Wässerchen und Mixturen, Blüten, Pflanzen, Tiere, Steine, Elemente, Engel und Heilige, Handauflegen, Meditation, Atemtechniken, psychoaktive Drogen, Träume, Spiele, Körperbewegungen, Energie und vieles andere ein. Die Palette der Mittel der Hexe ist beliebig lang und würde ganze Bücherregale füllen. Hier werden einige wichtige und wirksame Pflanzen vorgestellt, die Hexen für Heilungszwecke einsetzen:

Augentrost (Euphrasia officinalis)

Anwendung: Entzündungen der Augen oder bei Augenschwäche, innerlich als Tee, der ein lösendes und linderndes Mittel bei Husten und Halsschmerzen ist.
Zubereitung: 1 Teelöffel voll mit einer Tasse Wasser aufkochen und warm oder kalt zu Umschlägen verwenden. Bei innerlicher Anwendung schluckweise trinken.

Baldrian (Valeriana officinalis)

Anwendung: Nervenschwäche, Herzklopfen und Schlaflosigkeit. Baldrian besitzt beruhigende, krampfstillende Wirkung und wird deshalb auch gegen Magenkrämpfe und Darmbeschwerden eingesetzt.
Zubereitung: 2 Teelöffel der zerkleinerten Wurzel mit einer Tasse Wasser heiß aufgießen und 10 Minuten abgedeckt ziehen lassen, abseihen. Ungesüßt täglich eine Tasse am Abend trinken.

Beifuß (Artemisia vulgaris)

Anwendung: Beifußwurzel als Extrakt oder Pulver ist ein wirksames Heilmittel egen Epilepsie. Es stimuliert das Zentralnervensystem und ist harn- und schweißtreibend.
Zubereitung: Das Wurzelpulver wird vor dem erwarteten Anfall tee- bis esslöffelweise in heißen Malzkaffee oder Schokolade gerührt und verabreicht.

Birke (Betula alba), Zwergbirke (Betula nana)

Anwendung: Birkenblätter sind ein harntreibendes Mittel, das bei Nierenleiden, Wassersucht, Gicht und Rheuma hilft. Die Nieren werden trotz der harntreibenden Wirkung nicht gereizt. Außerdem wirken Birkenblätter blutreinigend.
Zubereitung: Auf 2 Esslöffel grob geschnittene Birkenblätter eine Tasse kochendes

Die Kräuterkunde gehört zur Grundausbildung einer Hexe.

Wacholderbeeren wirken als blutreinigendes, wassertreibendes, die Verdauung stärkendes Magenmittel.

Wasser gießen, 10 Minuten ziehen lassen. Täglich eine Tasse davon trinken. Dazu muss viel Wasser getrunken werden.

Brennnessel (Urtica dioica, Urtica urens)

Anwendung: Die Brennnessel ist bei der Blutreinigung altbewährt. Sie wird bei Frühjahrs- und Blutreinigungskuren verwandt. Wegen ihrer harntreibenden Wirkung kann sie auch als Blasen- und Nierentee eingenommen werden. Daneben lindert die Brennnessel rheumatische Beschwerden.

Zubereitung: 2 Teelöffel geschnittenes Brennnesselkraut oder Brennnesselblätter mit 1 Tasse kochendem Wasser übergießen, 10 Minuten ziehen lassen, dann abseihen. Mehrmals täglich 1 Tasse trinken. Es ist dabei auf eine ausreichende Flüssigkeitszufuhr zu achten.

Brombeere (Rubis fruticosus)

Anwendung: Brombeerfrüchte helfen gegen Hunger. Die Blätter werden wegen ihres Gerbstoffgehaltes als zusammenziehendes Mittel bei Durchfall und sonstigen Magen- und Darmstörungen verwandt. Zusammen mit Himbeerblättern bieten sie einen guten Ersatz für schwarzen Tee.

Zubereitung: Abkochung: Bei Magen- und Darmstörungen 1 Teelöffel Brombeerblätter mit einer Tasse Wasser etwa 10 Minuten kochen, tagsüber ungesüßt 2–3 Tassen trinken.

Heißer Aufguss: Als Genussmittel einen Teelöffel mit einer Tasse kochendem Wasser überbrühen und 10 Minuten ziehen lassen.

Faulbaum (Rhamnus frangula)

Anwendung: Faulbaum- oder Frangularinde ist ein mildes Abführmittel. Es sollte jedoch nicht länger als 1–2 Wochen verwendet werden, weil dann Kaliummangel eintritt!

Zubereitung: Kalter Auszug: 1 Teelöffel Faulbaumrinde mit einer Tasse kaltem Wasser übergießen und 12 Stunden ziehen lassen, dann durch ein Teesieb abseihen. Abends vor dem Schlafengehen 1 Tasse ohne Zucker trinken.

Tee: 1 Teelöffel Faulbaumrinde mit einer Tasse kochendem Wasser übergießen, 10 bis 15 Minuten ziehen lassen, dann abseihen.

Fenchel (Foeniculum vulgare)

Anwendung: Fenchel hat schleimlösende und krampfstillende Wirkung. Er wird als Brust- und Hustentee, bei Magenschwäche und besonders als Beruhigungsmittel für kleine Kinder verwandt.

Zubereitung: 1 Teelöffel frisch gequetschter Fenchelsamen mit einer Tasse kochendem Wasser übergießen, das ganze abgedeckt 5 Minuten ziehen lassen. Mehrmals täglich 1–2 Tassen trinken. Bei Anwendung für Kinder kann man die gleiche Menge kurz mit Milch aufkochen.

Goldrute (Solidago virgaurea)

Anwendung: Die Goldrute wirkt stark harntreibend. Innerlich wird sie gegen Rheuma und als Blasen- und Nierentee, z. B. bei Steinleiden, getrunken. Goldrute hilft auch gegen Magenkrämpfe und ist leicht fiebersenkend.
Zubereitung: 2 Teelöffel feingeschnittenes Goldrutenkraut mit einer Tasse Wasser überbrühen oder mit einer Tasse kaltem Wasser ansetzen und aufkochen, 10 Minuten ziehen lassen, abseihen. Mehrmals täglich 1 Tasse trinken. Es müssen dazu mindestens 2 Liter Flüssigkeit pro Tag getrunken werden.

Hirtentäschel (Capsella bursa- pastoris)

Anwendung: Wegen seiner zusammenziehenden, blutstillenden Wirkung wird Hirtentäschel äußerlich gegen Blutungen aller Art angewandt. Von innerlicher Anwendung wird abgeraten!
Zubereitung: 1 Esslöffel voll mit einer Tasse kochendem Wasser überbrühen, nach 15 Minuten abseihen. Der erkaltete Aufguss kann für Umschläge verwandt werden. Bei Nasenbluten den erkalteten Aufguss von einem Löffel in die Nase einziehen.

Holunder (Sambucus nigra)

Anwendung: Holunderblüten regen durch das darin enthaltene ätherische Öl die Schweißdrüsen an. Sie werden als schweißtreibendes, harntreibendes und blutreinigendes Mittel besonders bei Erkältungskrankheiten, Fieber und Grippe eingesetzt, wo ein Schweißausbruch herbeizuführen ist.
Der aus Holunderbeeren gepresste Saft ist sehr vitaminreich und wirkt gut gegen Grippe und Erkältungen. Er muss aber unbedingt abgekocht werden!
Zubereitung: 1 Esslöffel voll Holunderblüten mit einer Tasse Wasser aufbrühen und 15 Minuten ziehen lassen, täglich bis zu 5 Tassen heiß und mit Honig gesüßt trinken.

Huflattich (Tussilago farfara)

Anwendung: Huflattichblätter sind Zutaten von Brusttees und werden bei Erkrankungen der Atmungsorgane, Husten, Heiserkeit und Verschleimung eingesetzt. Huflattich wirkt auch bei Entzündungen der Mund- und Rachenschleimhaut und oberflächlichen Hautentzündungen. Er soll nicht in der Schwangerschaft und Stillzeit sowie bei Kindern angewandt werden.

Kamille wirkt desinfizierend, erweichend und schmerzlindernd.

Zubereitung: 1–2 Teelöffel kleingeschnittene Huflattichblätter mit 1 Tasse heißem Wasser aufgießen, 5 Minuten ziehen lassen, durchseihen und mit Honig süßen. Täglich bis zu 2 Tassen möglichst heiß trinken.

Johanniskraut (Hypericum perforatum)

Anwendung: Johanniskraut findet Verwendung bei leichten depressiven Störungen, Angst und nervöser Unruhe sowie gegen Bettnässen kleiner Kinder. Hellhäutige Menschen, die Johanniskraut regelmäßig einnehmen, sollten sich längerer Sonnenbestrahlung nicht aussetzen, da es zu fototoxischen Hautreaktionen kommen kann.
Zubereitung: 1 Teelöffel feingeschnittenes Johanniskraut mit einer Tasse kochendem Wasser aufgießen, abgedeckt 10 Minuten ziehen lassen, abseihen. Schwach gesüßt morgens und abends eine Tasse warm trinken, gegen Bettnässen am frühen Nachmittag geben.

Holunderblüten wirken schweiß- und harntreibend sowie blutreinigend. Holunderbeerensaft ist zudem äußerst vitaminreich und wirkt gut gegen Grippe und Erkältungen.

Kamille (Chamomilla recutita), Römische Kamille (Anthemis nobilis)

Anwendung: Kamille wirkt innerlich und äußerlich in Tees, Umschlägen und Bädern, z. B. bei Verletzungen. Äußerlich wirkt die Kamille desinfizierend, erweichend und schmerzlindernd. Innerlich wirkt sie schweißtreibend, erwärmend, krampfstillend (vor allem bei entzündlichen Erkrankungen des Magen-Darm-Traktes) und entzündungshemmend, u. a. bei Entzündungen der Haut und Schleimhaut. Auch Erkältungskrankheiten werden durch Kamille geheilt, indem man die Dämpfe inhaliert.
Zubereitung: Heißer Aufguss: 1 Esslöffel voll Kamillenblüten mit einer Tasse siedendem Wasser übergießen und 5–10 Minuten bedeckt ziehen lassen. Als Aufguss für Umschläge wird die doppelte Menge Kamillenblüten verwandt.
Bäder: 50 Gramm Blüten in 1 Liter Wasser aufkochen, 15 Minuten bedeckt stehen lassen, abseihen und ins Bad geben.

Klette (Arctium tomentosum/lappa/minus)

Anwendung: Klettenwurzel wird gegen Magenbeschwerden, als harntreibendes Mittel und äußerlich bei Hautkrankheiten eingesetzt. Sie hat eine blutreinigende Wirkung und hilft auch gegen Rheumatismus und Gicht.
Zubereitung: Heißer Aufguss: 1 Teelöffel gehackte Klettenwurzel mit einer Tasse Wasser übergießen, 5–10 Minuten ziehen lassen, täglich 1–2 Tassen trinken.

Knoblauch (Allium sativum)

Anwendung: Im Knoblauch ist Allicin enthalten, das antibiotisch wirkt, und Alliin, das bei Arterienverkalkung und hohem Blutdruck hilft. Das typisch nach Knoblauch riechende Allicin ist aber nur in frischem Knoblauch enthalten und wird später zu Alliin abgebaut. Knoblauch wirkt außerdem appetitanregend, verdauungsfördernd sowie blähungstreibend und heilt infektiöse Erkrankungen des Verdauungsapparates. Er senkt die Blutfettwerte und begradigt teilweise altersbedingte Gefäßveränderungen. Die Blutgerinnung wird durch Knoblauch geringfügig gehemmt. Knoblauch kann auch vorbeugend eingenommen werden und hat eine große Bedeutung in der Herzinfarktprophylaxe.
Zubereitung: Die ganze Knoblauchzwiebel oder einzelne Knollen zerhäckseln und ins Essen geben.

Linde (Tilia cordata)

Anwendung: Lindenblüten sind ein bewährtes Hausmittel. Sie wirken schweißtreibend und krampflösend und lindern fiebrige Krankheitsen, z. B. Grippe. Wegen seines Schleimstoffgehalts ist Lindentee zudem bei Husten und Halsschmerzen ideal. Oft werden Lindenblüten auch als Genussmittel getrunken.

Zubereitung: Heißer Aufguss: 1 Esslöffel Lindenblüten mit einer Tasse Wasser aufgießen und 15 Minuten ziehen lassen. 2–3 Tassen mit Honig gesüßt tagsüber möglichst warm trinken.

Löwenzahn (Taraxum officinale)

Anwendung: Löwenzahn wirkt blutreinigend und drüsenanregend und wird traditionell im Frühling als Blutreinigungskur eingenommen. Er hat auch eine schwach abführende, harntreibende und appetitanregende Wirkung. Löwenzahn sollte nicht bei Magengeschwüren oder Gallenproblemen eingesetzt werden. Die Blätter des Löwenzahns sind sehr vitaminreich.
Zubereitung: Heißer Aufguss: 2 Teelöffel kleingeschnittene Löwenzahnblätter mit einer Tasse Wasser übergießen und 5 Minuten ziehen lassen, morgens und abends eine halbe Tasse trinken.
Abkochung: 1 Teelöffel feingeschnittene Löwenzahnwurzel und -kraut mit einer Tasse kaltem Wasser ansetzen, kurz aufkochen, 10 Minuten ziehen lassen, abseihen, bis zu drei Tassen täglich trinken.
Pflanzenpresssaft: 1–3 Esslöffel der frischen Pflanze auspressen, von dem Presssaft mehrmals täglich einen Esslöffel einnehmen.
Salat: Die besonders im Frühling frischen Blätter pflücken, waschen und roh, entweder allein oder mit anderem Salat gemischt essen. Löwenzahnsalat ist auch sehr gut als Vorspeise geeignet.

Pfefferminze (Mentha piperita)

Anwendung: Die Pfefferminze, eine der wichtigsten Heilpflanzen, hat ein breites Wirkungsspektrum: Sie ist belebend und magenstärkend, lindert alle Erkrankungen des Verdauungsapparates, von Magen, Darm, Leber, Galle und Nieren. Pfefferminze wirkt außerdem krampfstillend und leicht beruhigend. Die erfrischende, wohltuende Wirkung macht die Pfefferminze zu einem beliebten Genussmittel. Sie ist Zusatz für zahlreiche Teemischungen. Das Öl der Pfefferminze mildert Katarrhen der Atemwege und Schleimhautentzündungen im Mund- und Rachenbereich. Äußerlich wird es bei Kopf-, Muskel- und Nervenschmerzen eingesetzt. Bei Gallensteinen, Gallenblasenentzündungen und schweren Leberschäden sollte auf Pfefferminzöl verzichtet werden. Bei Säuglingen und Kleinkindern ist Pfefferminzöl im Gesicht, vor allem im Nasenbereich, zu vermeiden.
Zubereitung: Heißer Aufguss: 1 Esslöffel am besten frische Pfefferminzblätter mit einer Tasse kochendem Wasser übergießen und mindestens 10 Minuten in einem abgedeckten Gefäß ziehen lassen, tagsüber bis zu 4 Tassen warm trinken.
Inhalation: 3–4 Tropfen Pfefferminzöl in heißes Wasser geben, Dämpfe inhalieren.

Ringelblume (Calendula officinalis)

Anwendung: Ringelblumen wirken mild abführend und krampflösend. Sie werden auch äußerlich in der Reinigung verschmutzter Wunden und zur Förderung des Heilungsprozesses bei Geschwüren, Wunden und Entzündungen des Mund- und Rachenraums angewandt.
Zubereitung: Heißer Aufguss: 2 Teelöffel Ringelblumenblüten mit einer Tasse kochendem Wasser überbrühen, 10 Minuten in einem bedeckten Gefäß ziehen lassen, abseihen, mehrmals täglich mit dem warmen Aufguss spülen oder gurgeln.

Salbei (Salvia triloba)

Anwendung: Salbei hilft gegen alle Entzündungen des Mundes, Rachens und Halses und wird als Gurgellösung mit desinfizierender Wirkung verwandt. Er ist schweißhemmend und hilft gut gegen Nachtschweiß. Dazu werden innerlich oder äußerlich Abreibungen oder Bäder gemacht. Innerlich behebt er Magen- und Darmprobleme, Leber- und Nierenleiden.
Zubereitung: Heißer Aufguss: 1 Teelöffel zerkleinerte Salbeiblätter mit einer Tasse kochendem Wasser aufgießen und 10 Minuten in einem abgedeckten Gefäß ziehen lassen, abseihen, bei Verdauungsproblemen vor den Mahlzeiten eine Tasse trinken.
Äußerlich: Zum Gurgeln und Mundspülen 2,5 g Salbei als heißen Aufguss, 2–3 Tropfen ätherisches Öl oder 5 g alkoholischen Salbeiaufguss auf ein Glas Wasser geben und mehrmals täglich gurgeln bzw. spülen. Man kann auch den unverdünnten alkoholischen Auszug direkt auf die entzündeten Schleimhautpartien applizieren.

Schachtelhalm (Equisetum arvense)

Anwendung: Schachtelhalm hat einen hohen Gehalt an Kieselsäure. Wegen seiner harntreibenden Wirkung wird er bei Schwellungen verwendet. Bei Ödemen darf er wegen der eingeschränkten Herz- und Nierentätigkeit nicht eingesetzt werden. Schachtelhalm hilft auch gegen bakterielle und entzündliche Erkrankungen der ableitenden Harnwege und prophylaktisch gegen Nierengrieß. Dazu wird eine Durchspülungstherapie gemacht, bei der viel Flüssigkeit zu trinken ist. Äußerlich wirkt Schachtelhalm entzündungshemmend, z. B. bei schlecht heilenden Wunden.
Zubereitung: 2 Teelöffel zerkleinertes Schachtelhalmkraut mit einer Tasse kochendem Wasser übergießen, das Ganze 15 Minuten ziehen lassen, durch ein Teesieb abseihen. Mehrmals täglich eine Tasse davon trinken.

Schafgarbe (Achillie millefolium)

Anwendung: Schafgarbe behebt Appetitlosigkeit, praktisch alle Verdauungsstörungen sowie Magen- und Darmkatarrh. Äußerlich werden Schafgarben-Sitzbäder bei

Frauen gegen Unterbauchbeschwerden mit schmerzhaften Krämpfen im Beckenbereich angewandt. Mit feuchtwarmen Wickeln aus Schafgarbentee lassen sich chronische Lebererkrankungen sowie Druck- und Völlegefühle im rechten Oberbauch gut mildern.
Zubereitung: Tee: 1 Teelöffel Schafgarbenkraut oder -blüten mit einer Tasse kochendem Wasser aufgießen, 5 Minuten ziehen lassen, abseihen. Bis zu 3 Tassen tagsüber trinken.
Badezusatz und Sitzbad: 100 g Schafgarbenkraut auf 20 l Wasser geben.

Schlüsselblume (Primula veris, Primula elatior)

Anwendung: Die Blüten der Schlüsselblume beruhigen die Nerven und lösen Schleim. Sie werden als Hustentees verwandt und helfen auch gegen Gicht. Sie dürfen keine wilden Schlüsselblumen pflücken, da diese unter Naturschutz stehen!
Zubereitung: Heißer Aufguss: 1–2 Teelöffel Schlüsselblumenblüten nach Möglichkeit zusammen mit anderen schleimlösenden Kräutern mit 1 Tasse kochendem Wasser überbrühen, nach 5 Minuten abseihen, mehrmals täglich eine Tasse davon trinken.

Spitzwegerich (Plantago lanceolata)

Anwendung: Spitzwegerich wirkt schleimlösend und hustenlindernd und wird bei allen Erkältungserscheinungen und bei Entzündungen im Mund- und Rachenraum eingenommen. Er ist als Spitzwegerichsirup besonders für Kinder geeignet. Durch seinen hohen Gerbstoffgehalt regt er den Appetit an. Spitzwegerich wird auch äußerlich bei leichten entzündlichen Hauterkrankungen verwandt, da er Bakterien abtötet.
Zubereitung: Heißer Aufguss: 2 Teelöffel Spitzwegerichkraut mit einer Tasse kochendem Wasser aufgießen, 5 Minuten ziehen lassen, täglich bis zu 3 Tassen mit Honig gesüßt schluckweise trinken.
Frischpflanzensaft: Die frischen Spitzwegerichblätter abspülen, auspressen und vom Presssaft 3-mal täglich 1–2 Esslöffel einnehmen.

Tausendgüldenkraut (Centaurium erythraea/minus)

Anwendung: Tausendgüldenkraut ist eine Bitterdroge und wird als appetitanregendes Magenmittel genutzt. Die magenstärkende Wirkung ähnelt der von Enzian.
Zubereitung: Tee: 2 Teelöffel fein geschnittenes Tausendgüldenkraut mit einer Tasse kochendem Wasser aufgießen, 5 Minuten ziehen lassen, vor den Mahlzeiten eine Tasse trinken. Man kann das Tausendgüldenkraut bei Bedarf mit einer anderen Bitterdroge kombinieren.
Kalter Auszug: 1 Teelöffel Tausendgüldenkraut mit einer Tasse Wasser 6–8 Stunden kalt ausziehen lassen, vor den Mahlzeiten löffelweise konsumieren.

Ringelblumen wirken mild abführend und krampflösend.

Thymian (Thymus vulgaris)

Anwendung: Thymian hat einen hohen Gehalt an ätherischen Ölen und wirkt beruhigend, schmerzlindernd und krampflösend. Die Blätter des Thymians helfen gegen Bronchitis und Keuchhusten. Zur äußerlichen Anwendung wird Thymian in Kräuterkissen gepackt, die bei Geschwulsten und Quetschungen aufgelegt werden.

Zubereitung: Tee: 2 Teelöffel Thymian mit einer Tasse kochendem Wasser aufgießen, 5 Minuten abgedeckt ziehen lassen, abseihen, mehrmals täglich eine Tasse trinken.

Abkochung: 1 Teelöffel Thymian mit einer Tasse Wasser aufkochen, 10 Minuten ziehen lassen, tagsüber mehrere reichlich gesüßte Tassen teelöffelweise trinken.

Wacholder (Juniperus communis)

Anwendung: Wacholderbeeren wirken als blutreinigendes, wassertreibendes, die Verdauung stärkendes Magenmittel. Sie werden bei entzündlichen Erkrankungen der ableitenden Harnwege und bei Ödemen im Rahmen einer Durchspülungstherapie als Blasentee eingesetzt. Dabei sollten zusätzlich 2 Liter Flüssigkeit pro Tag getrunken werden. Wacholderbeeren helfen auch gegen rheumatische Erkrankungen und Gicht. Eine längere Anwendung oder Überdosierung ist jedoch zu vermeiden, weil Nierenschäden eintreten können. Daher sollte Wacholder maximal 6 Wochen konsumiert werden. Wacholder sollte außerdem nicht bei entzündlichen Nierenerkrankungen und in der Schwangerschaft eingenommen werden.

Zubereitung: Heißer Aufguss: 1 Teelöffel angequetschte Wacholderbeeren mit 1 Tasse Wasser aufgießen, 5 Minuten abgedeckt ziehen lassen, abgießen, 3-mal täglich eine Tasse trinken.

Walnuss (Juglans regia)

Anwendung: Walnussblätter sind ein effektives Blutreinigungsmittel. Sie lindern auch Gicht, oberflächliche Hautentzündungen und Skrofulose.

Zubereitung: Heißer Aufguss: 1 Teelöffel Walnussblätter mit einer Tasse Wasser aufgießen und 10 Minuten ziehen lassen, täglich bis zu 2 Tassen davon trinken.

Abkochung: 2 Teelöffel Walnussblätter mit einer Tasse Wasser kalt ansetzen, dann aufkochen und abseihen. Die Abkochung wird nur äußerlich in Form von Umschlägen oder als Badezusatz eingenommen.

Hexenrituale

So, wie es zahllose Wünsche gibt, gibt es unzählige Rituale, um einen Wunsch Wirklichkeit werden zu lassen. Nach dem Satz von Hippokrates „Der Behandler hat nur eine Aufgabe: zu heilen. Und wenn ihm das gelingt, ist es gleichgültig, auf welchem Wege es ihm gelingt!“ kann je nach Aufgabe und Problem ein direkt darauf abgestimmtes Ritual ausgeführt werden. Genauso kann man aber auch bereits bestehende Rituale anwenden. Welches Ritual man wählt, darf jeder selbst entscheiden. Die Grundlage jedes Rituals ist, dass der Ritualausführende und – wenn ein Kranker geheilt wird – der Behandelte an eine Lösung des Problems und an die Gesundung glauben. Von diesem Glauben hängt das Gelingen des ganzen Rituals ab.

Rituale lassen sich mit oder ohne materielle Hilfsmittel durchführen. Hier ist eine kleine Auswahl nach Themen:

1. Erdritual – die Erde umarmen

Besteigen Sie eine imaginäre Rakete und fliegen Sie mit ihr in den Weltraum – etwa 100 Kilometer über die Erde. Schauen Sie sich die Erde aus dieser Entfernung an: Sie erscheint Ihnen als Kugel. Betrachten Sie sie, lassen Sie Ihren Blick über die Kontinente, Ozeane, Meere, Wüsten, Wälder und die Eiskappen an den Polen gleiten. Freude und Bewunderung wird in Ihnen aufkommen. Strecken Sie die Arme aus, bis sie die Erde berühren, und umarmen Sie die Erde. Danken Sie ihr dafür, dass sie Sie nährt und am Leben erhält.

Fliegen Sie nun mit der Rakete zur Erde herunter, immer näher. Steuern Sie einen tiefen Wald an und landen Sie darin. Nun steigen Sie aus der Rakete und betreten den Boden. Atmen Sie die Frische des Waldes. Neigen Sie Ihr Ohr auf den Erdboden und lauschen dem Atem und dem Pulsieren der Erde. Freuen Sie sich an der schönen Gegend und danken Sie dafür.

Steigen Sie jetzt langsam und sachte die Erde hinunter bis zu ihrem Mittelpunkt. Setzen Sie sich dort in einer bequemen Haltung hin und spüren Sie, was nun geschieht. Seien Sie die Erde. Empfinden Sie, was die Erde denkt, fühlt und wie sie mit den Pflanzen, Tieren und Menschen kommuniziert und sich austauscht. Atmen Sie jetzt tief durch und werden Sie wieder der Mensch, der Sie sind – Frau X, Herr Y usw. Verneigen Sie sich vor der Erde. Geben Sie ihr ein kleines Geschenk, das Sie selbst angefertigt haben, z. B. einen Kranz aus Blumen, einen geflochtenen Korb, ein von ihnen genähtes Kleid oder ein Schmuckstück.

Danken Sie ihr. Steigen Sie nun langsam wieder zur Erdoberfläche hinauf.

2. Wasserritual – innere Reinigung

Nehmen Sie eine für Sie bequeme Ruheposition ein – sitzend und mit geschlossenen Augen. Stellen Sie sich einen schönen, dichten, alten, artenreichen Wald mit einem stillen Teich darin vor. Er kann zum Beispiel sonnig und voller Seerosen, von Schilf, Lebensbäumen und Blumen umsäumt, schattig, tiefgründig und geheimnisvoll oder mondbeschienen und von feenhaften Nebeln umspielt sein. Gehen Sie gemächlich zu diesem Teich und steigen Sie langsam ins Wasser. Spüren Sie die Wellen, die Ihren Körper benetzen. Tauchen Sie in das Wasser ein, bis Sie ganz davon bedeckt sind. Tauchen Sie unter und schwimmen Sie, bis Sie den Boden des Teichs erreicht haben. Gleiten Sie weiter und schwimmen Sie, so weit Sie können und wollen. Tauchen Sie langsam wieder auf und schwimmen Sie zum Ufer. Schwimmen Sie etwas umher und lassen Sie sich treiben. Verlassen Sie allmählich das Wasser und lassen Sie Ihre Haut von Sonne. Mond und Sternen streicheln und trocknen. Lassen Sie das Wasser durch Ihr Inneres und weiter hinausfluten und alles, was Sie bedrückt und schmerzt, mit sich nehmen, bis Sie ganz leicht sind.

Danken Sie dem Wasser, dem Wald, der Erde und den Gestirnen, dass sie Sie tragen, erquicken und schützen.

3. Luftritual – mit den Luftgeistern spielen

Stellen Sie sich einen Baum vor, der hoch in den Himmel ragt. Setzen Sie Ihren Fuß an seinen Stamm und klettern Sie immer weiter empor, bis in die Krone, die mitten in den Wolken prangt. Klettern Sie dort einen Ast bis zum Ende. Stellen Sie sich auf das Ende des Astes wie auf ein Sprungbrett im Schwimmbad und springen Sie ab. Lassen Sie sich in das weiche Wolkenbett fallen und schweben Sie darin.

Spüren Sie die Luftgeister, die Sie umfließen und neugierig beäugen. Spielen Sie mit ihnen, jagen Sie mit ihnen durch die Lüfte, entfachen Sie Stürme, treiben Sie die Wolken vor sich her, putzen Sie den Himmel und lassen Sie Regen auf die Erde strömen. Genießen Sie die Wärme und den Glanz der Sonne und baden Sie im milden Licht des Mondes. Lassen Sie sich mit der Luft um die Erde treiben, ergötzen Sie sich an der herrlichen Aussicht auf alle Länder und Orte der Erde und. Blasen Sie mit voller Kraft und auf allen Registern in die Windorgel und schlagen Sie die lieblichen Harfen an, die durch die Luftströmungen und -wirbel erklingen.

Danken Sie den Luftgeistern für ihr unermüdliches Wirken und gleiten Sie auf ihren leichten Himmelsflügeln nach und nach auf die Erde zurück.

4. Feuerritual – auf dem Regenbogen gehen

Stellen Sie sich einen Regenbogen vor. Gehen Sie zu der Stelle, wo er anfängt, und setzen Sie einen Fuß auf ihn. Erleben Sie, wie die Flammen des Regenbogens auflodern, Sie umzüngeln und die Farben hell und bunt aufleuchten. Wählen Sie die Farbe, die Ihnen am besten gefällt – Lila, Rot, Orange, Gelb, Grün, Türkis, Blau, Indigo, Violett – und beschreiten Sie den Pfad dieser Farbe. Wechseln Sie auf den Pfad der anderen Farben und spüren Sie, wie sich das anfühlt. Springen, laufen, hüpfen Sie ruhig, schlagen Sie Purzelbäume!

Gehen Sie den Regenbogen immer weiter hinauf, so weit, wie Sie wollen. Blicken Sie nun um sich und schauen Sie in die Sonne. Nehmen Sie die Strahlen der Sonne auf und lassen sie durch sich hindurch in den Regenbogen fließen, bis er hellgolden gleißt. Lassen Sie alles um sich herum ins goldene Licht der Sonne tauchen und aufleuchten. Lassen Sie das Sonnenlicht zerfließen, bis die Farben frisch geputzt und leuchtend intensiv hervortreten. Verwandeln Sie den Regenbogen in einen Fluss mit einem Schiff, das Sie trägt, und lassen Sie sich im Licht auf den bunten Wellen treiben. Lassen Sie die fremde Welt des Feuers auf sich einwirken. Bewahren Sie das für Sie Wichtigste davon als schöne oder klärende Erinnerung auf. Steigen Sie nun den Regenbogen entlang wieder zur Erde hinunter. Schütteln Sie sich kräftig.

Sprechen Sie dem Feuer ihren Dank aus, dass es Ihren Weg beleuchtet und Sie inspiriert.

5. Klangritual – ein Klangmeer befahren

Summen oder singen Sie ein Lied und lassen Sie die Töne des Liedes aufsteigen und sich um Sie scharen, bis sie eine Klangwolke und schließlich ein dichtes Klangmeer bilden. Fahren Sie auf diesem Klangmeer in einer venezianischen Gondel und lassen Sie den Gondoliere schmetternd in das Lied einstimmen. Singen oder hören Sie Ihre Lieblingslieder, -sinfonien, -konzerte, -opern.

Beobachten Sie, wie die Töne sich zu Gärten, Flüssen, Häusern oder Menschen formen und ganze Städte und Landschaften unter einer tönenden Sonne und klingenden Sternen in einem vibrierenden, azurblauen Firmament bilden. Fahren Sie in diesem Meer umher und erzeugen Sie durch Singen immer neue Dinge, Gebäude, Muster und Körper.

Danken Sie nun dem Klang, dass er dem Gehalt ihres Gesangs Gestalt gibt. Tanzen Sie und kommen Sie aus dem Klangreich wieder ins Hier und Jetzt zurück.

Das Hexeneinmaleins

In Goethes „Faust“ (1. Teil) sagt die Hexe in ihrer Hexenküche dem Doktor Faust diesen Spruch, der ihn verjüngen soll:

„Du musst versteh'n!
Aus Eins mach Zehn,
Und Zwei lass geh'n,
Und Drei mach gleich,
So bist du reich.
Verlier die Vier!
Aus Fünf und Sechs,
So sagt die Hex',
Mach Sieben und Acht,
So ist's vollbracht:
Und Neun ist Eins,
Und Zehn ist keins.
Das ist das Hexeneinmaleins!“

Es gibt verschiedene Deutungen dieses Spruches. Manche leiten aus dem Hexeneinmaleins ein magisches Quadrat ab, in dem die Summe aller Spalten und Zeilen gleich ist. Man braucht nur nach der Anweisung des Hexeneinmaleins' die Zahlen in das vorliegende magische Quadrat einzutragen. Versuchen Sie es doch einmal! Die Auflösung finden Sie am Ende des Buches!

1. Zahl?	**2. Zahl?**	**3. Zahl?**	**= Summe?**
4. Zahl?	**5. Zahl?**	**6. Zahl?**	**= Summe?**
7. Zahl?	**8. Zahl?**	**9. Zahl?**	**= Summe?**
= Summe?	**= Summe?**	**= Summe?**	

Andere Deuter entdeckten in dem Hexeneinmaleins eine Anleitung für den Gang des inneren Weges hin zu sich selbst, zur Natur und zu Gott. Das soll helfen, Wünsche zu erfüllen, Seelenfrieden zu finden und ein sinnerfülltes individuelles und umweltverträgliches Leben zu finden.

Diese Deutung übersetzt das Hexeneinmaleins sinngemäß so:

Aus Eins mach Zehn:
Differenziere, erkunde und erforsche dich und deine Umwelt!

Und Zwei lass geh'n:
Werte und verurteile dabei nicht, sondern schau und beobachte einfach!

Und Drei mach gleich:
Versöhne die Gegenseätze miteinander und verbinde sie auf einer neuen Ebene!

So bist du reich:
Das macht dich innerlich reich, da du einen Sinn hinter den Dingen entdeckst.

Verlier die Vier:
Bleibe dabei nicht stehen, sondern gehe weiter!

Aus Fünf und Sechs:
Entdecke neue Rätsel, Gegensätze und Widersprüche!

Mach Sieben und Acht:
Löse sie auf, suche nach dem Sinn, der hinter ihnen steht!

So ist's vollbracht:
So gehst du den Weg der inneren Entwicklung.

Und Neun ist Eins:
Alles bildet eine Einheit und wechselwirkt miteinander, nichts ist getrennt.

Und Zehn ist keins:
Kein Ding, kein Wesen ist vollkommen, alles entwickelt sich und sucht Gott.

Das ist das Hexeneinmaleins!
Das ist der Weg des Zauberers!

Weiterführende Literatur

Wolfgang Bauer, Irmtraud Dümotz, Sergius Golowin: *Lexikon der Symbole*, Heyne, München 2001.
Joseph Campbell, Bill Moyers: *Die Kraft der Mythen*, Albatros, Düsseldorf, 2007.
Richard Cavendish, Trevor O. Ling (Hrsg.): *Mythologie der Weltreligionen: Eine illustrierte Weltgeschichte des mythisch-religiösen Denkens*, Gondrom, Bindlach, 1991.
Jürgen Dahl, Hartmut Schickert (Hrsg.): *Die Erde weint – frühe Warnungen vor der Verwüstung*, dtv, München, 1987.
Friedrich W. Doucet: *Die Toten leben unter uns: Forschungsobjekt Jenseits*, Ariston, Genf 1987.
Hans-Peter Dürr: *Die Völker müssen einander Geschichten erzählen*, Raum und Zeit, München 2005.
Shakti Gawain: *Stell dir vor! Kreativ visualisieren*, Rowohlt, Reinbek bei Hamburg, 1999.
Helga Gebert: *Märchen der Frauen*, Beltz, Weinheim/Basel 1989.
Joan Halifax: *Schamanen: Zauberer, Medizinmänner, Heiler*, Insel, Frankfurt, 1983.
Louise L. Hay: *Du kannst es! Durch Gedankenkraft die Illusion der Begrenztheit überwinden*, Integral, München, 2006.
Ingrid Holzhausen (Hrsg.): *Das große Weisheitsbuch der Völker*, Diederichs, München, 2003.
Robin Kerrod: *Mein großes Buch über die Sterne und Planeten*, Kaiser, Klagenfurt, 1991.
Koll.: *Die Bibel*, Evangelische Haupt-Bibelgesellschaft, Berlin 1981.
Theodor Landscheidt: *Wir sind Kinder des Lichts: Kosmisches Bewußtsein als Quelle der Lebensbejahung*, Herder, Freiburg, Basel, Wien, 1987.
R. Olesch (Hrsg.): *Russische Märchen*, Rowohlt, Hamburg 1991.
Thomas Schäfer: *Was die Seele heilt und was sie krank macht*, Droemer-Knaur, München, 2003.
Kurt Ziesel: *Die Sensation des Guten*, Im Echter, Würzburg, 1966.

Auflösung des magischen Quadrats von S. 126:

10	2	3	= 15
0	7	8	= 15
5	6	4	= 15
= 15	= 15	= 15	